自分の頭で考え
判断する力

クリティカル・シンキングができる子に育つ

3つの視点と13のレッスン

ジュリー・ボガート 著
布施亜希子 訳

Discover

おばのジューンに捧げる

はじめに

他者の考えを批評することだけが、クリティカル・シンキングではありません。クリティカル・シンキングは、**「取り入れた情報に対して疑問をもち、分析し、解釈して判断すること」**であり、**「多様な角度から検討し、論理的、客観的に理解すること」**であり、**「物事や情報を無批判に受け入れない」**ということです。

実のところ、誰もがさまざまなクリティカル・シンキングの手法を使って、あらゆる種類の決断を下しているのです。メニューを見て料理を注文するときでさえ、クリティカル・シンキングを活用しています。どのくらいお腹が空いているか、旬の食材は何か、この食事は手で食べる必要があるかなど、個人的な基準を用いて、最適な料理を決めるのです。

どの料理を注文するかは些細な判断ですが、ときには自分自身だけでなく他者にも長く続く影響を与える判断もあります。たとえば、戦争を始めるという決断は、関わるすべての人々に、その先何年にもわたって重大な影響を与えます。

質の高い判断を下すには、深く、豊かで、冷静な思考が必要です。だからこそ、賢いクリティカル・シンカーを育てることが重要なのです。クリティカル・シンカーこそが、皆で分かち合う世界を創ります。子どもがより効果的に、思いやりをもって判断できるようにするにはどうしたらいいでしょうか。

本書は、今日のグローバルかつデジタルな環境で、クリティカル・シンカーを「育てる」ための本です。現代の子どもは、人々の主張の海を泳いでいます。多くの親が子どもをインターネット上の誤った情報から守りたいと思っています。しかし、子どもをずっと監視するわけにはいきません。子育て中に私も感じた疑問を、読者の方も抱いているかもしれません。「反対意見を知るほうが危険なのか、それとも反対意見に触れさせないでおくほうが危険なのか」

学習者である子どもが自分の世界におけるあらゆることについてより深く、思慮深く、想像力豊かに考え、探求できるように導くにはどうしたらいいでしょうか。その方法について、お伝えしていきます。

ただし、子どもに探究の手段を与えるなら、生じる結果に対する心構えが必要です。なかなか答えづらい、刺激的な質問をされるかもしれません。子どもはテクノロジーやソーシャルメディアのアプリに飛びつき、利用するでしょう。そしてあなたの固定観念を疑うような視点を身につけるでしょう。子どもが率直な意見を言う自由を認めるのは簡単なことではありません。

でも、努力する価値はあります。驚くべきことに、**クリティカル・シンカーは多才な読書家、優れた書き手、影響力のある大人になるのです**。学校の中でも外でも、積極的な関心を抱く子どもになります。革新を実現し、現状に異を唱え、投票に行き、ボランティア活動に励み、職場で思慮深い貢献をします。目標達成に向けたスキルを身につけ、健やかな家族を育み、責任感のある素晴らしい大人になるのです。洞察力、共感力、謙虚さ、自己認識力、精神力、知的活力を備えることができます。クリティカル・シンカーを育てることは、親にとっても教育者にとっても、何よりエキサイティングで重要な役割です。

私はこの30年間、あらゆるタイプの小さな思想家たちと仕事をしてきました。17年間にわたって5人の子どもを家庭で教育し、熟練した専門家チームとともに会社を設立し、さまざまな年代の数千人もの生徒に優れた思考力と文章力が身につくよう指導をしてきました。オハイオ州シンシナティのザビエル大学で新入生のクラスを受けもったこともあります。**本書には、長年の経験で培った、哲学および実践面の教訓が凝縮されています。**

第1部「クリティカル・シンカーとは」では、子どもの世界観が形成される過程を説明しています。どうすれば、思い込みと信念、事実と解釈を区別することを教えられるでしょうか。学校での教育やインターネット検索は、子どもの考え方にどのような影響を与えるのでしょうか。子どものアイデンティティは、学び方においてどんな役割を担うでしょうか。ほとんどの章で、家族全員で試せるアクティビティを紹介しています。

第2部「読んで、経験して、出会う」では、3つの重要な学習方法を探ります。「読書だけで十分」という考えには賛成できません。本書では、スマートフォンなどのデジタルライフが人間の脳を変え、じっくりと深く本を読む能力に影響を与えるという事実に注目します。そしてじっくり考えられるようになるための方法も紹介します。さらに、実践的な経験や人々との出会いについても説明します。これらは画期的な洞察力につながり、子どもは学び追求したいテーマをより深く味わえるようになります。

第3部「修辞的な想像力」は、大本命のテーマです。自分の世界観を構築する方法を理解し、1つのテーマをじっくり追いかける方法を学んだら、子どもは一度にいくつもの視点を検討できるようになります。私が「修辞的な想像力」と呼ぶ、批判力と想像力を使って思考する力を身につける段階に入るのです。このセクションでは、子どもが文章を解釈し、複数の視点を比較対照できるようになる方法を提案します。そして、大人の理想にどうしても楯突こうとする10代の子どもがいる方のために、大荒れの海で舵を取るための指針も紹介します。これも子どもの成長にとって不可欠な段階なのです。受け入れ、うまく付き合っていきましょう。

各章は前の章をもとに成り立っているので、順番通りに読むことをお勧めします。とはいえ、実践練習は繰り返し使えますし、子どもの成長段階に合わせて読むのもいいでしょう。

一言で言うと、本書は「教育はいったい何のためにあるんだろう? テストに合格して大学に入学する以上の意味があるはずだ」と感じたことがある人のための本です。特に、自分の子どもには学校で教わる教科を超えて、スケールの大きく、みずみずしい、洞察に満ちた学習体験をしてほしいと考えている人にお勧めです。

思考プロセスに生き生きとした創造性をもたらす優れた人間を育てるチャンスが、あなたにはあります。エキサイティングな旅の一部になれるのです。さあ、始めましょう。

もくじ

第2部

読んで、経験して、出会う

第3部 修辞的想像力

第1部

クリティカル・シンカーとは

学校に任せておけば「自分で考える子」に育ててくれる、という思い込みは捨てましょう。

革新的な教育者だったベル・フックスは、次のように表現しています。

「不幸にも、思考に対する子どもの情熱は、順応と服従だけを目的とした教育に出会ったときに途絶えてしまいます。ものを考えることは危険であると、多くの子どもが幼いうちから教えられているのです」

これは大変。**学校教育は、むしろ「自分で考える力」を奪ってしまうリスクがある**といえるでしょう。

子どもは生まれた瞬間から好奇心旺盛。赤ちゃんはどんなおもちゃも口に運びます。かじったり、よだれを垂らしたり、なめたり、噛んだりすることは、赤ちゃんにとって最初の「知る」手段なのです。幼児は科学者になります。落とせるものは落とし、投げられるものは投げ、食べていいかどうかはさておき、食べられるものは食べてみます。自分の下、まわり、上を観察します。

乳幼児は、世界を解釈する方法の基盤となる世界観を組み立てているのです。毎日無意識に判断を下しています。何が好きか、まわりに何があるか、何であれば自分でできるか、どのような助けが必要か。

さらに数年経つと、小さな子どもは、かき混ぜたり、太鼓を叩いたり、ハンマーを打ったり、自転車に乗ったり、水をはね散らかしたり、足を踏み鳴らしたり、シーソーで遊んだり、なめたり、落書きをしたり、においを嗅いだり、汚れた手すりをべたべたと触ったり、紙をちぎったり、粘土を投げつけたり、芝生の斜面を転がったりしたがります。

成長とともに、何百もあるレゴブロックの中から必要な形のものを探して海賊船を組み立てるなど、より複雑な課題をこなすようになります。二次元のイラストをじっくりと精査して三次元のブロックに一致させます。

さらに成長した子どもの脳は、スケートボードで階段を飛び越えるために必要となる距離を予測します。また、なじみのない料理を前にしたとき、これまでの食体験から得たデータをもとに、味見する価値があるかどうかを判断します。

10代の子どもは、本と映画を照らし合わせ、映画が小説に対して忠実に制作されているかを見極めます。大きな話題を呼ぶ社会問題について熱く語り、お気に入りのバンドに自分なりの基準で順位をつけます。

クリティカル・シンキングってなに？

クリティカル・シンキングは、**うまく生きていくために育むべき思考ツール**です。教育の専門家アーサー・コスタ博士は、生徒が「複雑な問題を解決するために戦略的で論理的な思考、洞察力、根気強さ、創造力、技能」を使うとき、クリティカル・シンキングが活性化すると説明しています。

私の考えるクリティカル・シンキングとは、次のようなさまざまな力と恩恵をもたらすものです。

- 知恵と洞察力
- 社会で生きやすくなるための手段
- 危機的状況への適応力
- 個人の成長に力を与える
- 難問を解く鍵となる考え方
- 創造力を設計する力

クリティカル・シンキングによって、私たちはものごとや情報を解釈し、行動に移せるようになります。情報の真偽を判断するときにも、偏見や思い込みがないかをチェックできます。

また、クリティカル・シンキングは、過去、大きな文脈、自然、そして物語と私たちをつなぐスキルなのです。自分が戦略を立てているとはっきり自覚できるときがあります。また、直感や勘などの感覚を頼りに、複雑な問題を解決することもあります。

自己認識型クリティカル・シンキングを育てる方法

有能な教育者なら、子どもがクリティカル・シンカーになることを望みます。しかし、子どもが日々直面する膨大な情報には、どんなに生き生きとした脳でも圧倒されてしまいます。子どもは多様な情報源と向き合っています。YouTubeの動画、ソーシャルメディアのストーリー、ゲーム中のリアルタイムチャット、テレビ番組やストリーミング映画、好きな本と苦手な教科書、とある話題について異なる考え方をする身近な大人たち、ネット検索で示される正確な情報と誤った情報などです。

親や教師が、もっともらしい情報を安易に信じないように、また家庭や教室で提示されるルールや教育を疑うことなく受け取るように教えることはよくあります。しかし、そのような意味づけをする思考技術について考えたことがあるでしょうか。

自分はどんな情報を信じるのか？　何を疑うのか？　なぜそうするのか？

クリティカル・シンキングはこの「自己軸」によって形成されます。大人も子どもも同じように、自分の感じ方を確認し、ある情報源を信用して別の情報源を信用しないのはなぜか、ある考えを真実として受け入れ、別の考えを偽りとして拒否するのはなぜか、などについて学ぶことができます。研究者は、このような自己監視を**「メタ認知」**または**「思考についての思考」**と呼びます。

私はこのような知力を**「自己認識型クリティカル・シンキング」**と呼んでいます。

第1部では、幼児から10代までの子どもの年齢に応じて、この自己認識型クリティカル・シンキングを教える方法を説明します。子どもは自分の思い込みを観察し、それを疑うことを学びます。そして、微妙な差異や複雑さに気づく能力を育て、個人的な意義のある価値観を構築するのです。これは一生を通じて役立つスキルで、畏敬の念、驚き、つながり、満足感を経験する能力を深めてくれます。

このような自己認識型クリティカル・シンカーを育てる方法とはどのようなものでしょうか。さっそく見てみましょう。

第1章

誰が言ったこと？

3歳の息子、ノアの泡だらけになった頭を水につけ、髪をすすいだときのことです。頭を上げたノアは興奮して言いました。「もう一回『3匹の子ぶた』のお話をして！」。私はこれまで何十回とそうしてきたように、リクエストに応じました。

オオカミの象徴的な台詞を、ノアも繰り返します。「だったらこの家を、ひと吹きでプーと吹き飛ばしてやるぞ」。台詞を口にするだけではありません。大きく息を吸い込むと、藁や小枝やレンガでできた想像の家を吹き飛ばすように、つばの混じった息をプーッと吹きかけました。私もノアも大笑いでした。

それから数カ月後、私は図書館で、『3匹の子ぶた』に夢中な我が子が喜びそうな新しい絵本を偶然見つけました。ジョン・シェスカの『3びきのコブタのほんとうの話』です。一緒にソファに座り、読み聞かせてみました。ノアは嬉しそうに目を見開きました。このお話は、オオカミの視点で書かれていたのです！

哀れなオオカミは、おばあさんの誕生日ケーキを焼くために、お隣の子ぶたから砂糖を借りたかっただけなのでした。なんて素敵なオオカミなのでしょう。かわいそうに、彼はひどい風邪をひいていました。くしゃみで最初の2軒の家が倒れ、そこに住んでいた子ぶたたちが死んでしまいました。堅実なオオカミは、肉を無駄にしたくなくて子ぶたを食べてしまいます。オオカミがレンガの家に着くころには、3匹目の子ぶたがオオカミの悪行を警察に届けていました。

オオカミ氏は〝不当な〟有罪判決を受け、1万年もの間、牢屋に入れられたのでした。オオカミは最後に、独房からこの状況の不当性を読者に向けて訴えます。

「こういう　わけなんだ。これが　ほんとうのはなし。おれは　わるものに　されたんだ」

ノアはすぐにこの新しい絵本に夢中になりました。これが「本当の」3匹の子ぶたの物語だと思ったからではありません。**オオカミが語るお話を読んで、「別の視点がある」可能性、つまり、語られていることが真実ではない可能性に気がついたのです。**オオカミの話を疑うというノアの能力は直感的で、この能力のおかげもあって絵本を読むという体験がより楽しくなりました。それまでのノアは当たり前のように、あらゆる童話における全知の語り手に同調していました。どんな物語であっても、真偽を疑う理由はなかったのです。オオカミの話を聞くまでは。

ノアは知らないうちに、「信頼できない語り手」として知られる文学的なしかけに出会ったのです。オオカミが物語るときの防衛的で利己的な態度は、オオカミが自身のクリティカル・シンキング能力を使っていないことを読者に示す、決定的な証拠です。代わりに、自分の悪行を隠すため自分勝手な弁護を披露し、事実を曖昧にして、自分の無実の主張に合うように事実をつくり変えています。信頼できない語り手であるオオカミは、ノアにとって物語の視点を検証する第一歩となりました。著者のシェスカはオオカミの「なんと不幸な僕の物語」をユーモラスに強調しています。読者は馬鹿げていると「感じます」。しかし、なぜそう感じるのでしょう？

読者である私たちに、オオカミの自己陶酔的な視点がはっきりとわかるのはどうしてでしょうか？　感じる以外の証拠を見つけるにはどうしたらいいでしょうか？

その物語を語っているのは、誰か？

さて、学習における根本的な疑問にたどり着きました。**どうすれば、根拠が信頼に足るとわかるのでしょう。**

たとえば、次のような疑問をどのように判断するべきなのでしょう。

■歴史的な出来事について正確な視点はどれなのか？
■陰謀論者と内部告発者をどのように見分けるのか？
■公選された議員が誠実なのか嘘つきなのかを、どのように調べればいいのか？
■どの科学理論が信頼できるのか？　どれが偽物か？
■ある状況下で使用できる数学的プロセスはどれか？
■どの小説が名作なのか？「古典」の地位から退場させる本をどう決めるべきか？

意識しているかどうかにかかわらず、私たちはありとあらゆる情報を読み、聞き、考えるたびに、疑問をもちます。子どもに教えるとき、大人は自分で見つけた真実を伝えることができると思いがちですが、何が真実であるかを決めるのは誰でしょうか。

どの題材も、語り手（専門家、コメンテーター、アーティスト、科学者、自分の目で目撃した人、嘘つき、信者、被害者、勝者）が語る物語だと言えます。それぞれの語り手が独自の切り口をもっています。本、映画、演劇、伝説、神話、データ、詩、統計、実践、理論、教義、報道など、あらゆる媒体を通じて届けられる題材について考える方法の一つは、「その物語を語っているのは誰か」と問うことです。**どの解釈なら、信頼できると言えるでしょうか。これが、クリティカル・シンキングの旅の本質です。**

適切な経験や根拠をもたない人の情報や意見を聞いて、納得できない、信頼できないと感じたことがあるかもしれません。

ジェンダーを巡る典型的な固定観念について考えてみましょう。男性医師が妊娠・出産時の不調に対処する方法を女性に伝えると、テレビドラマ『フレンズ』の登場人物レイチェルはこう反応しました。「子宮がない人にわかるはずない！」。多くの女性が同じ反応をするかもしれません。

この反応が正しいかどうかは別にして、**語り手が重要**なのです。それぞれの視点は、語り手特有のデータの集合から生まれます。私たちは、自分でも気づかないような無数のチェックポイントを経て、その語り手の信頼性を自動的に評価しています。

教育とは、語り手を見極め、情報源を評価し、視点を疑い、「その瞬間の」情報の有用性を判断する能力を育てることです。情報を暗記してテストに備えさせることではありません。事実、歴史的な出来事や文学、科学的発見などに対する解釈は、世代や時代によって、時には数カ月で変わってしまうものです。手に負えない難題です！　では、クリティカル・シンキングは、理論のあらを探し、誰を信頼して誰を否定すべきかを判断する「専門家のため」にあるのでしょうか。私たちは、専門家の言葉をただ「鵜呑み」にすればいいのでしょうか。

たとえば、温室効果ガスや宇宙の起源などの科学的な理論に対して、ほとんどの人は判決を下す資格がありません。私は、ビッグバン理論の賛成論と否定論を読んだことがあります。そのとき、ハッと気づいたのです。私にはこの証拠を評価する資格（経験や知識）がないということに。

それでも、私たちは評価を下します。精通した専門家ではない場合、どのような基準をもとに意見を正当化するのでしょうか。

親は専門的なスキルをもたぬまま、数えきれないほどの判断をします。ワクチンを打つかどうか、どのタイプの歯列矯正がいいか、どのような分娩方法が安全か、我が子にはどのような学校教育がふさわしいか……。親は、専門的な教育や訓練を受けているわけではないのに、常にこうした判断を自ら下すことが求められていると感じています。

実際、さまざまな立場の人が、根拠や資格なく、さまざまな視点から自信たっぷりに批評を行っています。それがもっとも顕著なのがインターネットです。ツイッターを見ると、裏づけのない主張をするツイートがいかに多いことか。根拠のない主張がはびこっているのです。子どもたちが足を踏み入れようとしている世界は、根拠や資格がなくても自信たっぷりの主張こそもてはやされる場所なのです。

語り手に名前をつける

情報（データ、専門家の意見、研究、個人的な経験）を判断するために、核心に迫る質問をしましょう。「誰が言ったこと？」と。

歴史、文学、数学、社会学、政治理論、心理学、芸術、商業、科学、統計学、宗教、医学など、あらゆる分野の学問は、語り手のレンズを通して語られます。すべての情報は語り手の解釈といえます。

ときには、語り手が隠れていることもあります。たとえば、生物学、化学、物理学などのハードサイエンスや社会科学の分野では、研究者の個人的な意見は可能な限り排除され、「客観的に」表現されます。

語り手の意見が明白な場合もあります。論説委員、学者、２匹の子ぶたを食べたことを正当化するオオカミなどです。また、宗教の聖典のように、神が人間を通して語りかけた内容だと、語り手は神の導きを主張することもあります。

子どもに習得させたいクリティカル・シンキングのスキルの一つは、**「語り手に名前をつける力」**です。

自分の考え方を認識する

クリティカルに思考するためには、自分自身の考え方を知る力（自己認識力）が必要です。自分が物事をどのように解釈しているか、どのような個人的な思い込みや偏見を持っているか。これは自分では認知しにくく、子どもだけでなく人間なら誰でも持っている共通の盲点です。

自分自身の考え方に焦点を当てるための手法として、私が「アカデミック・セルフィー」と呼ぶ方法をお伝えしましょう。**自分が周囲を見ているレンズを反転させて、自分自身の考え方を観察するのです。**自分の信じることが、学校、インターネット、テレビ、ラジオで学んだことと一致しているかどうかを確認するのです。このような内的な作業をしない限り、自分でも気づかないうちに、個人的な固定観念によって判断・評価してしまうのです。

私たちは、「自分が真実であってほしいこと」を元に、それぞれが自分の解釈を正当化しがちです。「アカデミック・セルフィー」、つまりそのレンズを反転させるということは、個人的な思い込みが物事の判断や理解に影響を及ぼすのを認めることです。**クリティカル・シンキングには「他者への批判性」と「自己への気づき」、この2つのスキルが含まれます。**両方が必要なのですが、後者は過小評価されがちです。子どもへの教育では、自己認識というスキルを最初に教えましょう。

自己認識力を高めるためには、次のような見過ごされがちな反応に目を向けることから始めましょう。これらの反応や違和感から、自分の考え方や信念の傾向をつかむことができます。

- 数字を覚えるとき、頭が真っ白になる。
- これが真実であってほしくないと思う。
- 親、親友、教師は何と言うだろう、と不安になる。

- ドラマを見て過去の嫌な経験を思い出す。
- 著名人が自分の嫌いな政党を支持していることにモヤモヤする。
- この事実を含めると論文が台無しになる。これを省いて論文を書けるかな、と考える。
- Xのことをもっと知りたいのに、書き手はXを無視しているのがイライラする。

確証バイアスの罠

また、ソーシャルメディアで怒りの投稿をするとき、自分の主張に反する証拠を意図的に排除した経験はないでしょうか。あなたの心は、自分の考えの矛盾を検討するエネルギーと、自分の考えを見直すのに必要な時間を節約しようとしているのです。インターネット上の会話の多くは、あまりにも勢いよく進みます。わめき散らすと元気が出ます。真実であってほしくないと思う見解や事実を忍耐強く考察するのは、疲れるものです。自分の世界観から外れた解釈は異端とみなすように訓練されているため、大人でさえもこのスキルの習得には苦労しているのです。

あなたの信念に反する論説を読んだと想像してください。次のような自分の反応を観察してみましょう。

- みぞおちのあたりに引っかかるものがある。
- 退屈になったり、怒りを感じたりする。
- 今までかたく信じていたことが変化し、不安になる。

重苦しい感情を生み出す情報を無視するのは簡単なことです。逆に、真実であってほしいと思うことを誰かが認めてくれたときにはアドレナリンが放出され、その快感にはクラクラします。それこそが、自分が正しい側である証拠だからです。この正当性の確認を求めるメカニズムを専門用語で**「確証バイアス」**といいます。自分の信念を確かなものにする説明を信用しようとする傾向のことです。このような身体的感覚、思考、神経科学的な反応は簡単に排除できるものではありません。これらは、私たちが基本的な意見を形成する方法の本質として存在しているのです。

忍耐力と自制心

思慮深い思考者になるには、自制心が必要です。衝動を制御するのは誰にとっても難しいことですが、子どもにとってはさらに難しいことです。

心理学者ダニエル・カーネマンによると、自制心と質の高いクリティカル・シンキングには強い相関関係があるそうです。優れた著書『ファスト&スロー』で、カーネマンは、心理学者ウォルター・ミシェルによる有名な実験を引用しています。1個のオレオクッキーがある部屋に一人で残された4歳の子どもの自制心をテストするという実験です（「マシュマロテスト」としても有名です）。「このクッキーを食べずに15分我慢できたら、もう1個あげるよ」と指示します。一人きりでジレンマを体験している子どもの様子をマジックミラー越しに観察します。部屋には気を紛らすための本やおもちゃはありません。子どもがクッキーを食べてしまったり、苦痛の表情を見せたりした場合は、実験は終了します。

半数の子どもたちは、15分間待つことに成功しました。すごいでしょう？　驚くべきことに、10～15年後の教育現場で追跡調査したところ、「クッキーを食べずに我慢できた子どもは、認知的タスクで認知制御機能の評価が高かった」のです。「4歳の時に自制心を示した子どもは、知能テストのスコアが大幅に高かった」ということです。コンピューターゲームやパズルを使った同様の研究では、この種のテストで点数の低い人は、「頭に浮かんだ最初の考えを答える傾向があり、自分の直感が正しいかどうか確認する労力を惜しむ」ことが実証されました。この「直感が正しいかどうか確かめ」ようとしないことは、私たちの多くが毎日、ニュースを聞いたり、ウェブサイトを見たりするときに直面することです。新しい情報を受け入れるには忍耐力と自制心が必要なのです。

私はこの研究に心を奪われました。クリティカル・シンカーになるためには、このような自己鍛錬が必要です。この研究同様、**優れた思想家は、正しくあることの満足感をすぐに得ようとはしません。最初の直感や印象に踊らされないのです。**より多くの情報を得て確認する忍耐力のない子どもは、より多くの報酬を待つ代わりに、単純な考えから「クッキーを食べ」てしまうのです。

なぜ、オオカミの話がウソだと見抜けるのか？

ここで、立ち止まってもう一度『3びきのコブタのほんとうの話』を別のレンズを通して見てみましょう。批評家としてではなく、「自己認識のある」クリティカル・シンカーとして物語を評価するとしたらどうでしょう。オオカミ目線で語られる3匹の子ぶたの物語を、どのようにとらえたらいいでしょうか。

自問することから始めます。

■質問：この物語を読む前に、オオカミについてどのような印象を抱いているか？

■答え：おとぎ話でオオカミが悪者として描かれることはよくあること。『赤ずきん』と『ピーターと狼』に出てくるのは、どちらも「大きくて悪い」オオカミだった。

■質問：この印象は、オオカミの説明を分析するにあたり、どのような影響を与える可能性があるか？

■答え：好物である子ぶたに配慮しているように見えるオオカミは怪しいと思う。「誤って」２匹の子ぶたを殺してしまったので、「食べざるを得なかった」というオオカミの主張は疑わしい。そんなわけない！

■質問：おとぎ話にまつわる経験にどんなものがあるか？

■答え：おとぎ話は善と悪についての教訓を与えてくれる。私は最初から崇高な教訓を探す。見つからなければ、語り手を疑う。『３びきのコブタのほんとうの話』には教訓がなく、不道徳な行為に対する中途半端な自己弁護の話のように感じられる。

■質問：この特殊なおとぎ話にまつわる自分の経験は何か？
■答え：子ぶたが罪のない犠牲者で、オオカミが明らかな悪者であるという物語を数えきれないほど見聞きしてきた。それがもっとも一般的な見方だから、真実の物語に違いない。
■質問：最後に、著者のジョン・シェスカについて何を知っているか？
■答え：彼がユーモアのある人だということを、たまたま知っている。

このような背景から、シェスカがおなじみの物語をひっくり返し、オオカミを悪役から被害者に変えることを期待して、私はこの本を読み始めました。

ここで、ノアの視点に戻りましょう。3歳のノアはなぜ、オオカミが語る3匹の子ぶたの物語にすぐさま不信感をもったのでしょうか。これまで一緒に読んできた、額面通りに受け入れてきたお話とは何が違って見えたのでしょう。2つの要因が考えられます。

まず、「私が」ノアにシェスカの絵本を読み聞かせたので、ノアの耳は私の感覚に影響されました。私は、ばかばかしさに思わず笑ってしまいましたし、オオカミの話を信用しないようなイントネーションで読みました。つまり、私の視点が幼いノアの解釈や反応に影響を与えるレンズの役割を果たしていたのです。

第二に、ノアはこの絵本の元となったおとぎ話に慣れ親しんでおり、繰り返し見聞きすることによって、すでにそれを正しい童話として受け入れていました。もし、ノアが初めて聞く物語が、オオカミの視点に立ったお話だったとしたらどうでしょうか。子ぶたに同情的な物語を聞く前に、さまざまな本や映画でオオカミ視点のお話を何度も聞いていたとしたらどうでしょうか。そのとき、ノアは（あるいは、どんな子どもでも）、オオカミの話を自然に疑うことができたと思いますか。興味深い疑問です。

子どもが幼くて、元のお話やオオカミに対する私たちの固定概念を知らない場合、その子どもがオオカミに不信感を抱く可能性はあるでしょうか。結局のところ子どもは、オオカミがとった行動は正当だったという結論に至るかもしれません。ここにクリティカル・シンキングの課題の核心があるのです。

「単純接触効果」の影響

ノアと私は、研究者が「単純接触効果」と呼ぶ事象の影響を受けていました。カーネマンは、情報を繰り返し与えると、人はその情報を肯定的に受け止めるようになると説明しています。研究者は、アメリカの大学新聞でトルコ語の単語（あるいはトルコ語風の単語）を、何の文脈も意味の説明もなしに、広告のような枠に毎日表示するという実験をしました。数週間後、大学新聞の読者に、これらの言葉や、それほど頻繁には登場しない言葉を、「良いこと」を意味しているか「悪いこと」を意味しているかのどちらかで評価してもらいました。

その結果はカーネマンを驚かせました。「結果は目を見張るものだった。頻繁に目にしていた単語は、一、二度出てきただけの単語よりもずっと『良いこと』を意味する印象をもたれたのだ」。繰り返しは情報の「良さ」や信頼性を印象づけます。選挙期間中、候補者の名前を記しただけの看板があちこちにあるのはこのためです。この場合、親しみが信頼を生んでいるのです。カーネマンは、この自然発生的な思い込みの根源は生物学的なものであり、良性または肯定的な結果をもたらす刺激は、脳内で「良い」と分類され、真実として算出されると説明しています。その結果、認知しやすくなったことを、脳は大いに喜ぶのです。

話を戻すと、ノアと私は、３匹の子ぶたの元々の物語を繰り返し耳にすればするほど、子ぶたの視点を信じ、彼らが善良な存在だと考えるようになりました。大きくて悪いオオカミは、私たちの前では手も足も出なかったのです。

これらの要素は、本を読む前に確認するのが最善です。しかし、読んだ後にしか気づかなかったとしても、私たちは自己認識のあるクリティカル・シンカーとして行動することができます。この物語は、誰が読んでも元のおとぎ話の奇妙なパロディのように思えますが、人生経験の浅い子どもたちと一緒に読めば、素晴らしい練習になります。自己認識を促す質問をすることは、アメリカ合衆国の建国文書から科学研究、宗教的な文学、小説や詩まで、あらゆる文章を分析する上で重要な鍵となります。

生まれた瞬間から、あらゆるクリティカルな思考が自己に注ぎ込まれます。私たちの脳は熱心に意味づけをしようとする機械であり、その時々に手に入る限られた洞察力を使用して、目の前の物事を解釈します。**人間は、自分が聞きたいと思う物語を語る世界観から、情報を取り込もうとするものです。**

Lesson
01
誰が言ったこと？

本書では、子どもと試せるアクティビティを章末に載せています（大人向けもあります）。ほとんどの場合、次の年齢層別に構成されています。

- 好奇心がキラキラ5〜9歳
- パッと通じる10〜12歳
- シャープな頭脳の13〜18歳

以下の質問は子どもが物語をどのように聞き、どのように意味づけするのかについて焦点を当てています。

コツをお伝えすると、これらの質問を鬼軍曹のように聞かないこと。会話の中で自然に質問しましょう。物語を読んで、一緒にシャワーを浴びながらふと口に出して……というように自然に使ってください。

好奇心がキラキラ5〜9歳

手順

1. 子どもに読み聞かせる物語を選ぶ。
2. その物語に慣れ親しむために前もって読んでおく。
3. 子どもと一緒に音読する。
4. 次の質問から役に立つと思うもの、有益だと思う質問をいくつかする。

質問

- この物語は誰が語っているのか。
- 語り手はすべての登場人物が考えていることを知っていると思うか。語り手は登場人物の一人か、それとも物語の外側にいるのか。どのように見分けるのか。
- 語り手は真実を語っているか。なぜ信用するのか、あるいはなぜ信用しないのか。
- 物語の中で誰が好きか。誰が嫌いか。そのどちらか一方の人物が語っているのか。
- この物語が、ほかの方法で語られるのを聞いたことがあるか。どの語り手の話が好きか。その理由は。

これらの質問は、ビデオゲーム、ごっこ遊び、テレビ番組、歌にも応用できます。複数の視点で描かれた物語を知っている場合、それを読んで同じ質問をしましょう。そして答えを比べてみましょう。

パッと通じる10~12歳

この年齢層は、5~9歳の子どもよりも、もう少し内省的なことや視点で遊ぶことができます。『スター・ウォーズ』のような映画シリーズや、『レッドウォール伝説』のような小説シリーズでもかまいません。

質問

- 物語を語っているのは誰か。どうやってわかるのか。
- 語り手を信用するか。信用する、または信用しない理由は何か。
- 誰の物語が語られていないのか。その人物を信用するか。その理由は何か。
- 別の視点から物語を語ってみよう。どのくらい難しいか。どんな変更を加えたか。
- 悪役の視点で物語を語ると、物語の教訓は変わるか。どんな教訓になるか。それについてどう思うか。

シャープな頭脳の13~18歳

10代の子どもたちは、物語とより深く関わることができるようになります。この質問には有名な物語（映画や本）を選びましょう。コーヒーやシェイクを飲みながら話してもいいかもしれません。軽い気持ちで。これは小テストではありません。

質問

- 誰がこの物語を語っているのか。一人称で語られているのか。それはどの登場人物か。それとも、全知の語り手か。どうやって見分けるのか。
- 語り手を信用し、信じるか。信用する、または信用しない理由は何か。
- 誰の物語が語られていないのか。その理由がわかるか。
- 別の登場人物の視点からこの物語を再現しよう。どのような変更が必要か。登場人物の背景は、物語の語られ方にどのような影響を与えるか。この人物について、説得力のある視点を作るのに十分な知識があるか。

■ 無生物（木、花、家など）の視点から物語を再現しよう。物語の語られ方はどのように変わるか。

■ 身体的な反応で確認してみよう。2つの異なるバージョンを聞くとき、その物語に対する感じ方に違いはあるか。より熱心に、より疑いながら、よりユーモラスに。どのように感じるか口に出してみよう。

＊＊＊

今、子どもたちは語り手の視点（悪役でも被害者でも無実の傍観者でも）の力を体験したわけですが、これらの視点について話すときに使う言葉の棚卸しをしてみましょう。語り手は意見を共有していますか。語り手の思い込みから事実を切り離すにはどうしたらいいでしょうか。世界観や視点が果たす役割はどのようなものでしょうか。

次の章では、本書の中で繰り返し出てくる用語、そしてクリティカル・シンカーを育てるために必要な用語について確認しましょう。

第2章

事実とフィクションを区別する

「まだそんなこともわかんないの？　これが事実なんだよ」

「証拠があるんだから間違いないよ」

「神のお告げです」

「客観的に見て、それは間違った情報だよ」

「私はそこにいたからわかるんです」

「きみの偏見だよ」


……もう、うんざり!!

ツイッターなどのソーシャルメディアでこのような台詞を吐く人は一定数いて、一撃で会話を打ち切ろうとします。なぜ相手の話をさえぎろうとするのでしょうか。なぜ、相手が自分の意見に同意してくれることを期待するのでしょうか。自分とは異なる視点をもとうとする人を排除する、この「正しくありたい」という本能的な欲求は何なのでしょうか。正しい視点をもちたいという欲求の根底には、「同一性」を求める気持ちがあります。他者と違う意見をもつことによる不快感ではなく、同じ意見だという確信を求める気持ちです。

公教育の大成功による功罪

なぜ、そこまでして同一性をもとめるのでしょう？　それは、小さな試みから始りました。ここで、全世界の、教室を中心とした公教育の歴史を紹介しましょう（ただし、正式な歴史として受け止めないでください）。私は、人間の歴史上もっとも成功したプロジェクトの一つ、つまり「すべての人を教育する」ことから生じた、潜在的かつ偶然の、意図していなかった結果の真実に迫りたいのです。

人間社会が進化するにつれて、輝かしい構想が生まれました。「王族貴族から地主、お偉方に仕える庶民に至るまで、すべての人に教育を受けさせよう」というものです。しかし、それには時間がかかりました。誰もがこのプロジェクトを気に入ったわけではありませんでした。公教育が宗教教育の妨げになると思う人もいたからです。植民地主義者や奴隷所有者は、自分たちが抑圧し、搾取している人々の教育を躍起になって妨害しました。女子に読み書きを教えることは、権力をもった多くの男性たちから時間の無駄とみなされました。同様に、障害者も学校から排除されました。

1635年、イギリス人が入植していたアメリカ合衆国マサチューセッツ州の植民地では、税金に支えられた最初の無料の公立学校が開校しました。それから1世紀以上が経ち、独立戦争ののちに、アメリカ合衆国「建国の父」の一人であり第3代大統領を務めたトマス・ジェファソンが、公立学校制度の普及を提唱します。しかし、マサチューセッツ州で最初の公式な教育委員会が設立されたのは1837年になってからのことでした。

同じころ、ヨーロッパでは子どもの権利擁護者たちが、虐待的な児童労働行為を制限するために、税金を投入した教育の普及に奮闘していました。19世紀半ばから20世紀半ばにかけて、南米、アジア、アフリカでも、近代的な公教育が行われるようになりました。それでも、人種、性別、能力、階級にかかわらず誰もが平等に公費で学ぶ権利が与えられるまでには、多大な改革活動を要しました。今日に至るまで、教育における平等への追求は終わらない戦いなのです。

公立学校の理想の形は、「読み、書き、算数が、子どものために家庭教師を雇えるような上流階級の人々だけのものではなくなる」ことでした。しかしそれにとどまらず、20世紀の終わりには、地球上のすべての場所で背景や信条にかかわらず、あらゆる子どもが基本的な言語と数学、そして歴史と科学の教育を受けるに値するということが、国際社会の共通認識となりました。大衆のための公教育は、急発展する産業革命に貢献する労働者を送り出す教育モデルに基づいて構築され、次第に学校は、今日の科学技術（およびその他の分野）の発展を分かち合うのに十分な知識を学ぶ場となります。

そこで政府は教育を機械化し、確実な成果を生み出す予測可能なシステムを作り上げました。その結果がこれです。私たちの住むこの驚きに満ちた世界を見てください。あらゆる分野の標準化された製品から、バーミンガムにいてもムンバイにいても予測可能な医療行為、すべての大陸における輸送システム、数十億人を養う農業、世界共通のコンピューター技術、宇宙旅行やグローバル通信まで、人類は当初の控えめな「万人向けの教育」の提唱者が夢見ていた幻想を凌駕してきました。つまり、何十億もの人に対する公教育には意味があったのです。私たちは、知識の力によって共通の現実を創造しました。人類の歴史の中で、これほど成功したプロジェクトがあったでしょうか。私はないと思うのです。

世界中で行われているこの教育の鍵は、同一性です。私たちは研究を統合し、共にスケールアップしながら前進します。電流の変換器から測定単位に至るまで、相違を同一の基準で変換するツールを巧みにつくります。国による違いは存在するものの、慎重に等価性が検討されます。目指すところは最大限の互換性です。私たちは職人の技術を捨て去り、商品やサービスの大量生産を選びました。こうしたあらゆる製品の体系的な流通は、まさに20世紀の歴史的な成果の一つです。よく考えてみれば、驚くべきことです。世界を旅すると、どこへ行っても教育の力が働いているのを見ることができるのですから。

このような均一な成果と目的を達成するために、世界中の学校システムは酷似しているのです。従来の「幼稚園から高校3年生まで」の教育は、学習成果を一貫して測定することを目的としています。願いは、すべての人が十分な教育を受け、その結果として相互理解が深まり、世界の平和と繁栄に貢献することです。


ですが残念なことに、幻想の崩壊はすぐにやってきました。

20世紀には、人間の専門知識には限界があることがわかったのです。アルベルト・アインシュタインは、時間さえも視点によって異なる速度で流れることを暴き、物理学に対する人間の凝り固まった信念を打ち砕いて、人々を驚かせました。私たちは、かつて信じていた事実が信頼できないかもしれないことを知ったのです。

何かをする方法を知っているからといって、そうすべきとは限らないことを学びました。知識は道徳や倫理を前提としないからです。大量虐殺、人種差別、宗教対立、核兵器、大気汚染、水質汚濁などがいい例です。検証されない思い込みは、学んだことを生かそうとするとき邪魔になります。考えるべきことを知ることと、考え方を知ることは同じではありません。

アメリカの公民権運動の英雄であり、その予言的な社会批判によって暗殺されたマーティン・ルーサー・キング・ジュニアは言いました。**「教育の役割は、集中的に考えることと、批判的に考えることを教えること。知性と人格、これが真の教育の目標である」**。つまり、学校教育の一部は、テストのための事実の習得だけでなく、学ぶ内容の道徳的なつながりを認識することです。

どの学問分野も流れが速く、同じ場所に二度足を踏み入れることはできません。確かに、学問の根幹をなす実践や原理原則は存在します。しかし、ほんの少し分解してみるだけで、そのような実践や原理が何世紀にもわたって変化し、進化していくことがわかります。かつて人類はゼロという数字さえ知らなかったのです。たとえ有用であっても、理解は一時的なものです。あなたが事実として受け入れていることは、同じデータを別の解釈のプリズムを通して見ているほかの誰かによって検証されている可能性が高いのです。

私たちは、事実の利用方法について疑問をもちます。事実そのものの信憑性を疑います。事実について同意したとしても、それについて何を言うかによってすべてが決まります。雨が降っていることに同意しても、一人は喜び、もう一人は怒るのですから。

自分が確かだと思うことはすべて、どこかで誰かがあなたと同じ言葉を使って、まったく違うことを意味していると思って間違いありません。「神」「国」「学校」「愛」「重力」「健康」など、根本的な言葉でさえも、さまざまな連想や定義を呼び起こします。

確信がもてることは何一つない、というわけではありません。むしろ、洞察力のある思考とは、物語にはあらゆる事実が含まれると認識することなのです。教育とは、ロシアの入れ子人形のように、それぞれの事実がほかの事実の入れ子になって、その大きさや形に影響を与えていると認識することであるべきです。単に一つの正答を特定することが教育ではないのです。

クリティカル・シンカーのための10のキーワード

本章を読み進める前に、次の10の用語それぞれについて2分間、思いつくことを自由に書いてみましょう。

事実・解釈・証拠・視点・意見・偏見・思い込み・信念・物語・世界観

もし、全部の用語について書く時間が足りなければ、いくつか選んでください。紙を用意し、タイマーをセットし、その言葉についての自分なりの定義や質問を書き込みます。「自分の」頭の中では、これらの概念はどんな意味になっているでしょうか。

私は大学で授業を始めるときに、学生と一緒にこれと同じ練習をしています。授業で繰り返し出てくる用語を探し、それを使い始める前に、学生たちの率直な第一印象を聞くのです。そうすることで、一人ひとりが、専門用語について抱いている隠れた思い込みを明らかにすることができます。

さあ始めましょう。まずはあなたから。もしくは10代のお子さんから始めてもいいでしょう。パートナーと一緒に、またはきょうだいや親友と、電話やメールでその用語について話してみてください。いろいろな意見を出しましょう。用語の概念を、考えれば考えるほど有意義です。

次に、私の定義を見てみましょう。自分で書いたものも手元に置いて、続きを読んでみてください。

「事実」の定義

「事実とは理屈通りにいかないものだ」ということわざは、アメリカ合衆国建国の父ジョン・アダムズの言葉としてよく知られています。もとはフランスの劇作家アラン＝ルネ・ルサージュによる有名な言葉を引用したものです。その言葉の出どころさえも追究を要する事実がさらに何層にも重なっているのです。驚きですよね。

では、「事実が理屈通りにいかない」とはどういうことでしょうか。**「事実」とは、「議論の余地のない、それ以上単純化できない情報」を指します。**

たとえば、次のようなことです。

- 水は華氏212度、摂氏100度で沸騰する。
- フレデリック・ダグラスは、1838年9月3日、列車で逃亡して奴隷の境遇から脱出した。
- 最初の原子爆弾は、1945年8月6日にアメリカによって日本の広島に投下された。

- フェレットの集団は「ビジネス」と呼ばれる。（ご存知ないとは思いますが！）
- 全長6万6000マイル（約10万6200キロメートル）に及ぶ人間の循環器系は、地球を2周半以上もまわる長さ。（びっくり仰天！）
- インドには1万9569の言語と方言がある。そのうちの22が公用語になっている。（ウソみたい！）
- 7世紀から13世紀まで、ガーナはアフリカ大陸の巨大な帝国だった。

事実とは「現実の」物事です。可能性でも解釈でもありません。事実は、真実であることを繰り返し証明できるものです。特に、科学と数学は事実を扱っています。この分野の人々は、データ収集、測定ツール、検証済みの研究方法を用いて、事実を特定します。事実は物語を語りません。また、道徳的、倫理的な助言も与えません。事実は、宗教、所属政党、取得学位の数とは無関係です。

それなのに、私たちの多くは、事実を「どうにかしたい」と思うのです。**事実を述べて満足することはほとんどなく、自分の意見を主張したいと考えます。**私たちは、事実を説明したがるのです。

「解釈」の定義

そこで生まれたのが「解釈」です。哲学、歴史、政治学、文学は事実を扱うテーマや解釈になりがちです。そのため、子どもは事実と私たちが与えた解釈を区別できずに戸惑うことがあります。たとえば、広島への原爆投下について、次の2つの見解があります。

- 1945年8月6日、日本の広島への原爆投下は、アメリカによる不当な戦争行為であった。
- 1945年8月6日、日本の広島への原爆投下は、アメリカによる必要な戦争行為であった。

この情報は、使用された爆弾の種類、投下された時期、壊滅的な被害を受けた都市についての「事実」に基づいています。

最初の見解は、原爆投下が「不当な行為」であると主張しています。これは事実の解釈であり、語り手による物語です（第1章）。2つめの見解は、同じ事実に対して異なる解釈をしています。原爆投下を「必要な行為」という言葉で表現しているのです。

もし、子どもたちが教科書でこのどちらかの解説に出会ったとしたら、これらの言葉の選択は、子どもの心にまったく異なる印象を与えます。しかし、どちらの表現があっても、事実の真実性が変わるわけではありません。事実を学びながら、それを解釈することもできるのです。しかし、読書や勉強をするときには、事実と解釈を分けて考えることが大切です（この章の終わりに、実践的なアクティビティを紹介しています）。

教科書には、解釈という危険性が内在しています。章を要約したり、理解度を確認するための問題に答えたりするとき、生徒は教科書に書かれている事実の、見え隠れする「解釈」も同様に事実として扱ってしまうのです。このため、学生には解釈と事実を区別する訓練が必要です。**より多くの見解、つまり同じデータに対する複数の視点をもつことで、事実とその解釈を混同する傾向を相殺することができます。**

「証拠」の定義

「証拠」は、歴史、政治学、あらゆる科学、法律、文学の学習において重要です。**証拠とは、人が事実について主張し、その解釈を裏づけることができる原資料です。**

何が証拠となるのでしょうか。もっとも一般的なのは、原資料と調査データの2つです。一次資料には、現物、絵画、発掘現場、文書（手紙、条約、記録、日記、原稿、スピーチ、新聞）、映画、直接入手した目撃者の証言など、さまざまな人工物や報告が含まれます。二次資料とは、研究結果を引用した新聞記事、歴史上の出来事について記述した教科書、文学作品の解説など、オリジナルの資料について解説したものを指します。原資料は、その信頼性、複数のバージョンにわたる一貫性、著者・作成者・目撃者の信頼性などによって重要度が決まります。

証拠は、調査データから引き出すこともできます。調査は、解釈を入れない未加工のままの形で提示できます。研究者によって説明される場合は、研究者がデータを解釈していることになります。裁判で見られるのは、専門家による証拠データの解釈です。つまり、ある事実が、ある主張の根拠となることを説明した上で、その事実を「証拠」と呼ぶのです。

「視点」の定義

「視点」をもつというのは、私たちが現在入手できる事実、証拠、解釈を積み重ねた上で、ある特定の枠組みからそのテーマを見るということです。「私の考えでは、今のところ、この問題はこのように見えている」「私が誰で、何を知っていて、どれだけ本を読み、勉強してきたかを踏まえて、この問題について言えるのはこうだ」ということです。

グレン・パリーが著書『Original Thinking（独創的な思考）』で提唱した説得力のある考え方のおかげで、私は視点について楽しく考えることができました。個人的な視点が重要であるという考え方は、5世紀以上前に芸術の世界で始まったとパリーは示唆しています。ルネッサンス期に劇的な変化があったというのです。「遠近法とは、美術を学ぶ人なら誰でも知っているように、遠ざかっていく視線上の一点から風景を描く技法である。見る人にとって近いものはより大きく見えるので、おのずと大きなものは重要なものであると思ってしまう。同時に、遠くのものは重要度が下がるのだ」。この絵画の表現方法では、個人の知覚がデザインの中心に置かれました。

パリーは、この芸術革命によって、人間の考え方に重要な変化が起きたという説得力のある指摘をしています。「遠近法の誕生以後、人間の目と意識は世界のほかのすべてから切り離されたものとして考えられるようになり、人間は、幻滅的で魂が抜けたとみなされる世界の客観的な観察者になった。遠近法以前は、人間は世界の不可欠な一部であり、切り離された存在ではなかった」。人間はただ単に世界に参加するのではなく、世界を突き、刺激し、探り、観察し、理解する、分析者の役割に移行しました。絵画の遠近法と呼ばれる方法によって、私たちが重要だと考える事柄も変わったのです。

遠近法を使うことで、私たちは自分を「客観的な観察者」として見ることができるようになりました。そして、長い年月を経て、他者から世界がどのように見えるかを考慮することなく、自信をもって自分自身の視点をもてるようになりました。

フランク・ホワイトは革新的な著書『The Overview Effect（オーバービュー効果　宇宙探査と人間の進化）』で、観点が変化するにつれてものの見方が発展したり砕け散ったりすることを取り上げています。宇宙旅行の時代が来るまで、地球は平らで、自分が立っているのは固い地面であるという経験しか、地球を見る視点はありませんでした。科学者は地球が丸い形をしていると説いていましたが、地球で暮らす私たちの体験では、その情報を実感として得られなかったのです。宇宙飛行士は大気圏を抜け出し、宇宙から地球全体を眺め、青いマーブル模様の故郷を写真に収めたとき、初めて科学者の推測が正しかったことを確信しました。突然、宇宙飛行士たちの視点（地球の見方やとらえ方）が変わったのです。

視点とは、時間のスナップ写真です。限られた情報に依存し、遠くにあるものやまだ自分の視野に入っていないものよりも、身近なものをより大きく見せます。視点とは、何を見るか、どのように見るか、なぜそのように見るか、まだ見えていないものは何かを考えることなのです。

「意見、偏見、思い込み」の定義

「意見」と思い込みは同じではありません（思い込みについてはすぐ後で説明します）。しっかりとした意見は、自分の視点だけでなく、さまざまな角度から検討し、調査を分析し、現段階での結論を出した上でつくられています。**意見とは、データを解釈した上での主張であり、事実に基づいた判断です。**多くの人が、偏見や思い込みのことを「意見」と呼んでいますが、それは間違いです。

「偏見」はデータに基づいたものではなく、固定観念による誤った仮定に基づくものです。たとえば、「男の子は泥んこ遊びが好きで、女の子はそうでない」などです。正しい意見を述べるには、泥んこ遊びをする多くの子どもたちの行動を調査し、データ収集とその後の事実の解釈に基づいて結論を導き出す必要があります。

「思い込み」とは、自分が採用する見解の基準として、自分自身の経験を用いることです。たとえば、泥遊びと子どもについて聞かれたら、私はすぐに5人の我が子について話すでしょう。親としては大変でしたが、我が家では男の子も女の子も泥んこになるのが好きだったので、私は性別に関係なく、どんな子どもでも我が子と同じように泥んこが好きだと思い込んでしまうのです。これが私の思い込みです。誰にでも思い込みはあります。人間として生きている以上、避けられないことです。

自分に思い込みがあるとわかれば、自覚的なクリティカル・シンキングへの道を半ばまで進んだと言えます。私たちは、気づくことで自分の偏見や思い込みから離れることができます。それでこそ、目の前にある情報を考慮できるのです。偏見や思い込みがあっても、しっかりとした意見をもつ方法を知ることが、教育、そして本書の目的の一つです。

今度、誰かが「それは私の意見です」と言ったら、それが実際に意見なのか、偏見なのか、あるいは思い込みなのかを、根拠を聞いて確かめてください。もし相手が固定観念や個人的経験について話したら、それは意見ではないということです。

「信念」の定義

「信念」は、意見、偏見、思い込みとは異なります。**信念とは、宗教、アイデンティティ、文化によって形成された確信のこと。**信念は証拠に基づくのではなく、自分で選んだ考えの集合体から生まれます。

信念の対立を体現する出来事が、１８５７年のインド大反乱に先んじてインドで起こりました。この小競り合いは、エンフィールド銃に新しい弾薬筒が導入されたことから始まりました。イスラム教徒とヒンドゥー教徒から構成されるインド人傭兵「セポイ」は、歯を使って火薬を入れた薬包を破り、ライフル銃に火薬を流し込むように訓練されていました。しかし、薬包に豚と牛の脂が塗ってあるという噂が流れます。その結果、イスラム教徒が「豚肉はハラーム（禁忌）」という信念から、銃の装填を拒否するようになりました。ヒンドゥー教徒も同様に拒否しました。牛は神聖な動物であるから牛の脂を摂ることはできないというのが理由です。このような信念を受け入れず、「上官の命令を拒否してはならない」という独自の信念をもつイギリスは、従わないセポイを軍法会議にかけます。その結果、傭兵たちは投獄され、重労働を強いられました。ほかにもさまざまな要因があったにせよ、この信念のぶつかり合いが、インド大反乱の火種となったことは言うまでもありません。

私たちの信念は、意見とは違う意味で個人的なものという感じがします。信念は、信仰、理性、文化、個人的な確信、そして地域社会のアイデンティティのさまざまな相互関係の上に成り立っています。一般的には、聖典のとらえ方、食事の際の規範、道徳観のつくられ方、味方や敵に関する考えなどがあります。私たちの熱い論争の多くは、信念の違いから生まれています。信念は強固で、何よりも優先されることが多いのです。事実は信念を裏づけるために集められるのであって、その逆ではありません。

説得力のある経験や出会いがなければ、信念はなかなか覆りません。私たちの信念は、事実がそれに反する場合には、抵抗を示すことがあります。

「物語」の定義

クリティカル・シンキングに関する文脈での「物語」とは、小説や絵本のことではありません。人間は、事実と経験、理性と論理を組み合わせて、この世界における誰かの居場所を肯定する物語を生み出します。**物語とは、データ、意見、信念、視点など、交錯するすべての断片をまとめ、私たちが見たままの現実を表現するために作り出す「フィクションや説明」のことです。**

伝統的な文化では、物語はその地域社会を維持する真実をつかむことができるもっとも強力なツールです。現代文化では、科学やデータにこだわることが客観的であると誤解されがちですが、専門家も常に研究を物語に置き換えています。歴史や科学の分野でも、情報を理解する方法は、私たちの文化が支持する大きな「物語」によって左右されます。

私たちの文化において物語がどのように機能するかは、ダイエットという身近な例に見ることができます。どの方法も実践すれば体重が減ることを示す研究を紹介しています。しかし、これらのプログラムに含まれるのは、摂取カロリーに対する消費カロリーの計算だけではありません。健康、美容、フィットネスの物語が、その減量法を取り入れた場合に得られる利点の説明として加えられます。このような解釈の「筋」を明らかにすることで、語り手のねらいが見えてきます。本書では、クリティカル・シンキングにおいてストーリーテリングが果たす役割について、引き続き見ていくことにしましょう。

「世界観」の定義

クリティカル・シンキング用語集の最後の用語は「世界観」です。**世界観とは、文字通り、自分の「世界」をどう「観る」かという意味で、「視点」よりも包括的なものです。**視点は、時間上のスナップ写真です。世界観は、知っていることも知らないことも、すべてを内包します。

世界観は、新しい情報を見聞きする際に、無意識のフィルターとして機能することがよくあります。まるで皮膚のように、自分の心をほかの人の心とぶつけながらも分離させておく、目に見えない保護膜のようなもので、特定するのは難しいのです。あなたの世界観は、あらゆる交流、データ、真実であってほしいことを妨げる障害を、最終的にどう理解するかを決定します。

世界観が衝突した例がよく表れていると思うのは、1998年に公開されたディズニーのアニメ映画『ムーラン』です。この映画の主人公は、年老いた病弱な父親が命を危険にさらす兵士にならずに済むように、男になりすまして軍隊で戦う女性です。ディズニー映画には、家父長的な固定観念にとらわれず、自分らしく生きることを模索するムーランの歌が含まれています。アメリカ人はこの物語に興奮し、独立と個性という自分たちの世界観が賞賛されるのを見ました。

しかし、この映画が中国に輸出されたとき、中国の観客は戸惑いを覚えました。ムーランは「彼らの」物語です。伝統的な社会では、善良な人々は個人の野心よりも家族や地域社会の幸福を優先させるというのが、彼らの物語の教訓です。この物語が中国で生まれたことを考えると、ディズニー版映画の中国での興行成績がまったく振るわなかったというのは印象的です。しかし、その理由は明白です。これは、アメリカの世界観に合うように作りなおされた物語なのです。

聞きたくない「事実」に出会ったときの正しい姿勢

これらの用語はすべて十分明確であるように思えますが、あなたにとって大切な人が同じ問題に対して異なる見解をもっていて、その人と議論することになったら、疑問が生まれるはずです。相手の単なる思い込みなのか、意見をはっきりと表しているのか、それとも、あなたが聞きたくないような事実を提示しているのか。

自分が正しいと信じて気持ちよく進んできたはずが、あなたがいつも真実だと信じていたものが明白な証拠によって直接打ち砕かれることもあります。もしかしたら、あなたは反対意見の記事を読むという「間違い」を犯してしまったかもしれません。しかも、その主張に筋が通っていると感じます。

しかし、自分が間違っていたかもしれないことを受け入れるには、痛みを伴います。なんとか避けようと思うかもしれません。自分の意見や信念に熱くなって何がいけないのでしょうか。もっともです、自分のためだけならいいのです。しかし、私たちは子どもに、保身に走ることなく好奇心をもつことを教える責任があります。

冷静でありつつ好奇心をもつ能力、それこそが学習者の正しい姿勢であり、教育です。嬉しいことに、学業は探求し、考えるための安全な場所となります。正しい学習の姿勢を身につけた生徒は、それによって守られます。新しい視点に出会うたびに、評決を下すことが学習者に与えられた役目ではありません。つまり、自分にない視点について知ることは、あなたの完全性を脅かすことにはなりません。

学習の姿勢とは、次のように表現することができます。

■ 書き手の目撃者になる。

- 書き手の視点が存在することを理解し、書き手にとってそれがどのように存在しているかを理解する。
- 現在の自分の考え方と並行する視点を認める。
- お茶を入れる。根気よく座る。読む。好奇心をもつ。考えを生み出す。
- まず理解を深め、そのあとで批評する。

反対意見の視点を受け入れる余地をもつと、私たちの理解は広がります。それはまるで、ルネッサンス期の風景を、一つの視点ではなく、より多くの視点から描き直しているようなものです。まず学び、そして洞察を得る。今後の章でこれらの用語に出会ったときは、いつでもこのページを読み返して、再確認してください。

Lesson

02

「事実」を取り出す

このアクティビティは、まず親が自分でやってみることが重要です。もし家に10代の子どもがいれば、一緒に参加するように誘ってください。このアクティビティに慣れてきたら、その理解をもとに、小さな子どもとの会話に役立てることができます。

私たちが語る物語から「事実」を取り出すには、まず**削れないものは何かを特定すること**から始めます。ニュース記事で練習してみましょう。名前、日付、確認できる活動や行為、場所、そしてその出来事に関係する事柄を探します。

手順

1 最新のニュースを一つ選ぶ。

2 複数のニュースソースからその記事を探し、できれば複数（3～4本）の記事を印刷する。

3 一つの記事に登場する「事実」にマーカーで印をつける。

4 ほかの記事でも同様に、そこで述べられている「事実」に印をつける。
5 記事から省略されている「事実」があるか、念入りにチェックする。実際に省かれている場合は、どの記事からどの「事実」が省かれているかをメモしておく。「事実」は削られてはならないものであることを忘れないように。
6 各記事のどこに「事実」が配置されているか（上部、中央、下部、全体）に注目する。
7 「事実」を白い紙にリストアップする。それらを「解釈」せずに、記事に登場する順番に読む。これを各記事について行う。
8 「事実」の登場する順序が、記事の中の優先順位を表す何かを伝えているだろうか。
9 同じ話題について複数の記事を読んだ今、確認した「事実」のうち、「事実」というより「解釈」になっているものはあるか。たとえば、銃乱射事件の記事なら、犯人の動機は「事実」として語られているのか、あるいは「可能性」として示唆されているのか。山火事の記事なら、その原因は「事実」として語られているのか、それとも「仮説」として語られているのか、という区別をする。

まず「事実」を識別することで、書き手の「解釈」から受ける影響をなくすことができます。そして同じ話題を何度も読むことで、「解釈」から「事実」を取り出しやすくなります。

また、ちょっとしたアドバイスとして、先入観をもって記事を読むと、「事実」を取り出しやすくなることがあります。先入観を意識すると、より簡単に「解釈」が見えてくるのです。

第3章

好奇心を高める

「なぜ？」「あれは何？」「誰が？」「どうやるの？」などの絶え間ない問いかけこそがパワフルな学びをもたらしてくれます。これらの尋問が得意なのは誰かわかるでしょうか。はい、そのとおり。3歳児なんです！　ああ、5歳児もでした。実際は10歳未満なら誰でもです。

学校教育で失われる子どもの好奇心

10歳になると、私たちは質問する特質を子どもから奪ってしまいます。**多くの場合、子どもが小学校3年生になるころには、幼稚園入園時にはあった不思議さに驚嘆する感性、つまり本物の思考、自分で考える力を育む驚きの感覚が失われ始めています。**そして、小学校6年生になるころには、その感覚はほとんど失われてしまうのです。16歳になると、ほとんどの子どもたちは、自信をもって答えは一つと認識するような、独りよがりで独善的な「知ったかぶり」の方向に進んでしまいます。

子どもたちの思考は、教師が期待することに集中しています。このような驚きの感覚が失われた主な要因は、「子どもの真の声」を適切に育めなかったことです。子どもの真の声？　大きな声で、ひっきりなしに、トイレまでついてきて、質問攻めにする子どもの声ですか？　そうです。そういう声です！

さらにひどいことに、伝統的な教育は、手法や正解の習得を促すように設計されています。好奇心を満たす場ではありません。意義ある謎に迷い込み、探求する場所でもありません。実際、生徒が解決すべき問題を教師が決めてしまうことがあまりに多いのです。子どもの自然な知的好奇心は、学校の外で育まれることが期待されています。なんということでしょう。

しかし、質問をすること、つまり破壊的で、挑発的で、より好奇心をそそるような質問をすることは、もっとも活気のある教育への鍵であり、画期的な洞察につながります。その際、副次的にもたらされるのが幸福です。新しいアイデア、創造的思考、雄弁さ。これらは教養ある人にとって通貨であり、喜びでもあるのです。

学校教育を受けた人間の集団である私たちは、絶えることのない「知りたい」という気持ちと引き換えに、どのようにして「知ったかぶり」という気質を手に入れてしまったのでしょうか。

「銀行型」教育で失われるもの

ほとんどの教師は、学習成果の証明として試験や作文を課しています。復習（試験、口頭報告、説明の記述）は、教育改革者のパウロ・フレイレが「銀行型」学校教育と呼ぶ内容に焦点をあてています。全知の教師が適切と判断した情報を、空っぽだとされる生徒の頭の中に「預金」していきます。そして、生徒は作文やテスト、口頭発表を通じてその情報を説明します。生徒は教師の意図に基づいて評価され、子どもの真意や意図については気にされません。情報を語ることが生徒の人生にとって価値がないというわけではありません。フレイレが私たちに問いかけているのは、どちらかというと、復習が主な指導方法となったときに、何が失われるかということなのです。

この教育スタイルは、教科書や教師、教育委員会が必要と判断した、習得されるべき正しい情報があることを前提にしています。歴史の教師はこう話します。「生徒たちは一般的に、教科書を使い、歴史を正しい答えの集合体として眺めることに慣れている」。フレイレはこのような学習を「教育は説明病に陥っている」と表現し、「教師は、『現実』というものが動きのない、固定され、区分化された、予測可能なものであるかのように語るのだ」と表しています。

そして、私たちは、なぜ学校が退屈に感じられるのだろうと不思議に思います。フレイレは、こう主張します。子どもたちが教室に来るときには、すでに生活の中の経験や信念で満たされていて、何を教わるにしても、そうした経験や信念が子どもたちの関わり方を導くのだと。子どもたちは頭だけでなく、身体を使って関わりたいのです。文化や家族、伝統も、子どもたち自身にとっての意味づけに影響を与えます。

子どもが無関心になるのは、この「説明病」が原因であることがあまりにも多いのです。つまり、教師の授業が今この瞬間に正しいものであり、表現の正当性を執拗に証明するものになっているということです。九九の暗唱を覚えていますか？

4×4＝16（ししじゅうろく）

私たちは言葉の「音の響き」（暗唱のリズム）を学びますが、その意味を理解しないままでいることがよくあります。数学の専門家であり教育者でもあるマーシー・クックも同意見です。「もし、教師から教わった事実や規則を暗記するだけなら、生徒たちは新しい、異なる問題状況でも成功する意思決定や思考ができる個人としてではなく、知識で満たされる空の容器として扱われているということだ」

私は数学でまさにこの危機を経験しました。代数2のような高度なレベルになったとき、暗記と暗唱がうまくいかなかったのです。実は、規則や韻を踏むことを頭に入れただけで、理解できていませんでした。分数の割り算についてこんな決まり文句を覚えていますか。「理由なんて考えなくていい。ただひっくり返して掛けるだけ」。頭がごちゃごちゃ！　私は理由を知りたかったのです。それが私の頭の動きです。意味がわからないままで、計算の過程だけを身につけるのは無理でした。

数十年後、長男に分数を教えようとしたとき、私はガレージにこもって、一人で算数の本を見ながら練習し直さなければなりませんでした。何一つ定着していなかったからです。

マークシート式テストの狂気

フレイレが言うところの「説明病」は、学校でもっとも重視されるテスト方法の一つであるマークシート式テストによく見られます。友人の息子はマークシート式のテストに特に苦労しているということでした。あるとき、息子があまりにも不可解な答えを出したので、校長先生が彼女に電話をかけてきて、そのことについて話し合ったそうです。

この生徒の「間違い」は、私が言いたいことを完璧に物語っています。私の友人の息子が「間違えた」試験問題を次に示します。ただし客観的に見れば、彼は正しく、また問題自体に「2つの」正解があります。どういうことかわかるでしょうか。

木のイラストと共に、このような質問が記載されています。

「これはどのような単位で測定しますか？」

(a) フィート
(b) センチメートル
(c) キロメートル
(d) クオート

友人の息子は(b)の「センチメートル」を選びました。「正しい」答えは(a)の「フィート」でした。「森に生えている木」を測ると想定して出された問題でした。友人の息子はこのページのイラストを見て、このテストは木の「イラスト」を測るのに使う単位は何かと尋ねているのだと思いました。とても論理的です。その場合、「フィート」よりも「センチメートル」が適切であり、完全に正しいのです。

しかし、ここで立ち止まって、もう一歩踏み込んで考えてみましょう。もし、友人の息子が、イラストではなく「生きている木」を表現していると理解していたらどうでしょうか。その場合でも、厳密にはフィートもセンチメートルも「両方」正しい表現です。どちらも長さを表す単位です。背の高い木をフィートで測りたいという人がいるかもしれませんが、センチメートルで測る理由があるかもしれません。木をセンチメートルで測るのは「間違い」ではありません。

では、その絵が森の中の高い木なのか、卓上に置かれた小さな盆栽なのか、イラストを見ればわかるでしょうか。もし、ある生徒が森に住んでいて、別の生徒の家に盆栽があったら、この絵はそれぞれの生徒の頭の中でまったく違うイメージを呼び起こし、違う答え(どちらも正解)を導くかもしれないのです。しかし、フィートもセンチメートルも、ものの長さを表す単位ですから、どちらも「正解」です。

この場合、生徒はテスト作成者にとって、どの答えが「もっとも可能性が高いか」推測することを求められています。この読心術を身につけても、多くの子どもたちは優秀な生徒に成長しないものです。生徒を混乱させるのではなく、力を与えるようなクリティカル・シンキングにつながる効果的なマークシート式テストを作るには、注意深い努力が必要なのです。

マークシート式テストの「正解」思考は、多くの場合、思慮深さを妨げます。思慮深さとは、テスト作成者が考えた答えを推測するだけでなく、問題に注意を払うことです。子どもがテスト作成者の頭の中に入り込み、「このテストは、生きている背の高い木の高さを表す、もっとも一般的な単位を答えさせようとしている」と考えるのが当然とすることは馬鹿げていると私は思います。それが思考プロセスなのだとしたら、自分の考え方を捨てて、専門家や権威者の考えを推測するのがうまくなることこそが教育なのだと認めたことになりませんか？

限られた時間の中で一つの答えを強調すると、学生は問題やほかのすべての可能性を熟考できなくなります。その代わりに、テスト作成者が考えている正しい答えをできるだけ早く特定することが求められます。さらに悪いことに、その正解はまったく想像力を必要とせず、もっともステレオタイプになる可能性があります。テスト終了のベルが鳴る前に、熟考することなく素早く特定しなければならないからです。

私たちは、権威として選んだ人が提示する一つの正しい答えを見つけ、それを取り入れれば、速やかに誰もが納得すると思い込んでいるのです。このような慣習は教育の場で頻繁に見られるため、学校を卒業すると、複雑な問題に直面したときに無数の可能性を検討してもいいということを忘れてしまいます。それどころか、自分が正しいことを証明するために、どちら側につくのか選んでそこに留まらなければならないというプレッシャーを感じてしまうのです。

私たちは、個人的な解釈や過去の経験が及ぼす影響を無視するように教育されてきました。マークシート式テストは、時間効率、即断、見えない権威、言い切り型の回答を求めることがあまりにも多いのです。

アーティストであり教育者でもあるベティ・エドワーズは著書『内なる創造性を引きだせ』の中でこの思考の難題に触れ、この種のテストの行く末を痛切に説いています。「このような硬直性は狂気の沙汰であり、私の考えでは、健全な頭脳をもつ生徒がこのテストを解いて最終的に受ける影響は、目の前にあるものを『見ない』ようにし、視覚的認識と実際に矛盾する抽象的な言語概念への到達を目指すようになってしまうことです」。生徒は、「見ない」ように訓練することで、より良い点が取れる、つまり、固定観念やよく受け入れられている関係性に合わせて、直接的な認識をつくり直すのです。

なんという損失でしょう。エドワーズは、教育の多くが視覚的な情報を排除するように機能していると説明しています。当然ながら、たとえば抽象的な数学の処理などは、試験で評価するほうがはるかに簡単です。エドワーズは、「2＋2は数字の見た目がどう変わろうと、4です」と説明しています。とはいえ、数値表現は数量を表す記号であることに変わりはなく、現物そのものではありません。子どもにとって、記号を足すという抽象的な概念は、数学を理解する能力を損なうかもしれないのです（フレイレの説いた、真の理解より優先される掛け算表の「音の響き」と同じです）。

しかし、この抽象的な数字を、「2枚の羽と2枚の羽を足す」のように2組のアイテムに割り当てると、4という抽象的な数字だけでなく、4枚の「羽」を手にすることができるでしょう。羽を手に取れば、その柔らかさを実感できます。重ねてみたり、並べて敷いてみたりすれば、大きさが同じでないことがわかります。しかし、どんな場合でも2枚の羽と2枚の羽を足すと、確かに4枚の羽になります。では、2つの鋳鉄のフライパンと、別の2つの鋳鉄のフライパンを足すとどうでしょうか。確かに4つのフライパンになります。フライパンは重いので積み重ねにくく、羽とはずいぶん違う「感触」ですが、それでも足し算すると4つになるのです。

この2つの「4」のグループの重さは大きく異なり、その特徴を認識することは、組み合わせの考え方に否応なく影響を与えます。たとえば、「2＋2」の演算はどちらも「4」ですが、これを重さで測ると、まったく違う数字になります。その違いを私たちの体や直感で感じとり、それを子どもたちに示すことが大切かもしれません。数を組み合わせることと、重さごとに2つのものを組み合わせることは同じではありません。2枚の羽にほかの2枚を足したり、フライパン2つにほかの2つを足したりする「理由」を話したら、合計を4にすることが名案かどうかを考えることになるでしょう。羽2枚とフライパン2つを組み合わせたら、今度はもっと混乱します。こうした組み合わせのねらいは何でしょうか。

当然、高度な数学はいつも手に持っているもので解決できるわけではありません。しかし、**クリティカル・シンキングへの鍵は、抽象的なものと実際のものをできるだけ頻繁**

に、できるだけ早期に、特に新しい学問の旅立ちのタイミングに結びつけることです。こうして、より複雑で高度な技術を身につけるための土台を築くことができるのです。

私たちは、信頼できるプロセスや実践法を用いる場合でも、常に考慮すべきことがあると生徒たちに伝えています。倫理的な意思決定は、数学の演算、科学や歴史の解釈、洞察の活用などの意味を理解しようとする持続的な意欲によって実現します。

今、あなたはこんな疑問を抱いているかもしれません。

「もしワークシートやテストがよくないなら、どんな教育がいいの？」

問題提起型教育のススメ

ありがたいことに、フレイレは学校教育の別の方法、すなわち「問題提起型」教育を提案しています。子どもたちは、指導者から「何を」考えるべきかを教えられるのではありません。**子どもたちは、大人の協力のもとで、意味のある問題を解決する、信頼できるパートナーなのです。**

教育者のベル・フックスは、「教師としての私たちの役割は、生徒をクリティカル・シンキングという冒険に連れていくこと。一緒に学び、話すことで、知識を得るという経験が私的で、個人主義的で、競争的であるという概念と決別するのです」と説明しています。

マーシー・クックも同じ結論に達しています。「質問する技術は、思考活動の鍵になる。教育者は、生徒の思考を自分の思考と一致させるためではなく、思考を誘発し、生徒が何を知っているか、何を理解しているかを発見するために質問すべきである」。クリティカル・シンキングは、教師と生徒が一緒に現実の問題を探求するような、情緒的に安定した、支援的な環境の中で育つのです。

数学のような教科において、私たちが何よりも育みたいクリティカル・シンキングのスキルは、「良い質問をし、良い問題を与え、生徒の思考を刺激することで意欲をかき立て、ときには挫折感を抱かせて」育てます。

私は、このアプローチが公立学校の数学の授業で機能する様子を目にしました。長男は地元の高校で代数2を学び、ほかの科目は家庭学習をしていました。保護者面談で先生にお会いすると、先生が毎日、ホワイトボードに数学の問題を書くところから始めていることがわかりました。そして、その問題をどのように解くか、生徒に提案させるのです。生徒たちに、問題の解き方を推測するというリスクを負わせるにはそれなりの努力が必要なのだそうです。先生は、単にテストの点数を上げるだけでなく、数学的な頭脳を育てることを目標としていました。しかし、生徒たちは、教師が何をどうすればよいかを教えてくれるのを待つように教育されてきたため、学年の始めには、生徒たちの声を引き出すために説得が必要でした。しかし、学年末になると、生徒たちは積極的に参加するようになったのです。

今日の教育の専門家たちは、このような指導方法が、最高の学習成果をもたらすと考えています。生徒たちは答えを出すだけではなく、問題解決のための考え方を学ぶのです。賢明な教師と保護者は、子どもに以下のような質問をすることができます。

- この問題にアプローチする方法はほかにありますか。教えてください。
- 実際の状況でこうした数学の演算を使う必要があるでしょうか。
- なぜ、このプロセスが有効だと思うのですか。

このような問いは、学習には「なぜ」があることを、生徒に思い出させてくれます。そして、行動と考察を結びつけられるようになります。

私は、0と1の掛け算を習ったとき、ごちゃごちゃになって「コツ」を逆に覚えてしまった記憶があります。0×3＝3、1×3＝1だと考えたのです。明らかに、掛け算が何を目指しているのか分かっていませんでした。プロセスの指導だけに頼って、答えを間違えて覚えてしまったのです。落第点を取っても、掛け算の意味がわかりませんでした。誰も私が何を考えているのか聞いてはくれませんでした。それどころか、私はさらに意味のない数値列を暗記し直すことになりました。

クックはこう説明しています。「私たちは教室の知的生活を、試験準備のための訓練場にしてはいけないのです」。従来の数学教育は、私たちの多くを一対の神話を信じるようにミスリードしてきました。数学は段階を追って正しい答えを見つけるものであり、教科書や教師はその答えを知っている権威であるという神話です。

私たちは解決するべき意味のある問題を与えることで、生徒の好奇心を刺激することができます。「大きくてみずみずしい会話」と私が呼んでいるもの。それは、とりとめもなく続き、自由に考えを交換するための土台を築く会話です。ベル・フックスも認めています。「会話は一次元的なものではありません。私たちは常に、見たり知ったりするさまざまな方法に直面しています」。クリティカル・シンカーを育てるということは、子どもたちに、自分がよく知っている事柄を発見すること、そして理解できない壁を発見する機会を与えることを意味しています。

脳の「かゆみ」を引き出す教育

嬉しいことに、私たちは教育の天秤を「質問」に傾けることができます。前著『The Brave Learner（勇敢な学習者）』の中で、私は「質問の長城」を作ることを勧めました。親が1週間、子どもからの質問をすべて付箋に書き留めて、壁に貼りつけるのです。1週間の終わりに付箋をはがし、夕食時にその質問について話し合います。質問を大切にし、すぐに答えを出さないことで、幼児から10代までの子どもが正解を得ようと努めるのではなく、好奇心をもち続けようと思うように仕向けます。次のステップは、そのような質問の質を高めることです。

どうすればいいでしょうか。

最近の脳のｆＭＲＩスキャンは、１９９０年代にカーネギーメロン大学のジョージ・ローウェンスタインが提唱した「情報ギャップ理論」と呼ばれるものを裏づけています。

研究者たちは、私たちの好奇心が逆U字型のカーブを描くことを発見したのです。**「あるテーマについて少し知っている（好奇心が刺激されている）とき、ただし知りすぎてはいない（答えがまだわからない）ときに、私たちはもっとも好奇心をそそられる」**

ローウェンスタインは、すでに知っていることと知りたいことの間に情報のギャップを感じるとき、「心のかゆみ、脳を蚊に刺されたような感覚がある。私たちが新しい知識を求めるのは、それがかゆいところをかく方法だからだ」と説明しています。

近代教育の父と呼ばれるジョン・デューイは、「問題解決型」教育という彼の提唱する学校モデルにおける、好奇心の役割を取り上げています。イギリスの教育者マイケル・ラントレー博士は、デューイにとっては問題が「かゆみ」として感じられるのだと示唆しています。子どもの自然な予想が乱されることで、この「かゆみ」が生じます。そして、この追求が「この新しい情報は、自分が現在知っていることにどのように『適合』するのだろうか」という問いになるのです。ラントレーは、デューイの構成概念を「適合を求めるかゆみ」と名づけています。

そして、**教師の主な仕事は、「かゆみ」を引き起こす予想の混乱、あるいは知る必要性**

を生み出すことです。「かゆみを引き起こす」ことを学べば、好奇心が開花するでしょう。この経験は、レゴを組み立てるとき、正しいピースを探すことに似ています。正しい場所に正しいピースを「適合させ」ようと何度も試みたあと、正しいレゴがカチッとはまります。かゆいところをかけました。

ラントレーはこう説明します。「学習は適時になされるもの、永遠に続くものではない」。学んだことは、今、この瞬間の問いに関連しているのです。

第4章

じっくりと観察する

『鏡の国のアリス』のアリスは鏡を通り抜け、落っこちて、しゃべるイモムシ、狂った帽子屋、そして時を告げるウサギのいる謎めいた場所にたどり着きました。『オズの魔法使い』のドロシー・ゲイルは、良い魔女、黄色いレンガ道、空飛ぶ猿が待ち受ける色鮮やかで不思議な世界へと迷い込みます。

自分の居心地の良い場所を離れるたびに、世界における新しい認識方法や生きる道を学び、可能性が広がっていきます。アリスやドロシーのように深く混乱することがあったとしても、その体験をなかったことにはできません。もう二度とその前のように世界を見ることはないのです。**新しい視点を取り入れる能力には、よい質問だけでなく、これまでとは違う見方をすること、視野を変化させることも必要です。**

東ベルリンは灰色の都市に違いない？

21歳だった1983年、私はベルリンを訪れました。ドイツは第二次世界大戦後、2つに分断されました。連合国がドイツの西側を占領して「西ドイツ」と呼び、ソビエト連邦が東側を占領して「東ドイツ」と呼びました。首都ベルリンは、西ドイツとの国境から100マイル（約160キロメートル）離れた、当時の東ドイツに位置しています。ベルリンは、ほかの国土のように二分され、片方は連合国に、もう片方はソ連に占領されていました。共産主義の東ドイツに囲まれた西ベルリンは、資本主義的民主主義が繁栄する島となりました。そこに行くには、西ドイツから飛行機や列車で移動する必要がありました。

私のイメージでは、ソ連圏の国々（ソ連の支配下にあるすべての共産主義国家）はくすんだ灰色の場所でした。アメリカの政治家、オリンピック、新聞、テレビの夜のニュース、共和党の父との夕食時の会話、教会の説教、ロナルド・レーガン大統領の演説、大学での講義などが強烈な印象を作り出していたのです。

友人のクレイグと私は、西ベルリン行きの夜行列車のチケットを予約しました。走る列車の窓の外は灯り一つない暗闇で、東ドイツの様子は何も見えませんでした。朝6時に到着すると、バラ色の朝日が昇っていました。西ベルリンの中心部は、朝早くから多くの人でにぎわっていて、活気があるのが印象的でした。この日、クレイグと私は共産主義側のベルリンを訪れることにしました。税関で神経をすり減らしながらチェックポイント・チャーリー（西と東の間にある悪名高い検問所）を通過しなければなりません。

私たちはパスポートを見せると、日差しの強い西ベルリンから長方形のキャンバス製の仮設トンネルを通るよう案内されました。90メートルほど進むと東ベルリンに出ましたが、驚いたことにまだ陽が差していたのです。窓が太陽を反射して光っている建物を通り過ぎました。シュプレー川にかかる魅力的な橋の上では、まばゆいほどの光に包まれました。素晴らしい景色をカメラに収めようと、レンズのカバーを外すと、それは私の手から滑り落ち、眼下に優しく流れるきらめく水の中に永遠に消えてしまいました。私の感覚は圧倒されていました。陽の光に包まれた共産主義国を想像したことがなかったからです。東ベルリンの夏の朝の明るい光に戸惑いを覚えてはじめて、そのような光景を想定していなかった自分のことがわかったのでした。私は、ハッとしました。

どうして私は、現実と一致しない東ベルリンのイメージを膨らませてしまっていたのでしょうか。まるで天気が、共産主義の過酷な状況に対するアメリカ人の解釈を映すかのように考えていたのです。陽光に対する私の不合理な反応は、もっと深い何かを指し示していました。私の頭の中では、東欧はほとんど行く価値のない場所でした。私は、東欧の都市（人々、文化、天候、地理）と、抑圧的な政治体制とが、あたかも一体であるかのように混同していたのです。それは、「悪の帝国」のレトリックに通じるもので、無意識のうちにネガティブなイメージを作り上げていました。

私は何を望んでいた？　私は東ベルリンにどんな都市であってほしかったのだろう、それはどうしてだろう。それが、私の中にずっと残って消えない疑問でした。

思い込みや印象から生まれる「サイレント映画」

視点が形成される方法のひとつに、私が「サイレント映画」と呼ぶものがあります。サイレント映画のように言葉のない、無意識につくられた映像が頭の中で展開されることです。私の頭の中では、共産主義下の生活についての「サイレント映画」が無意識のうちにつくられていて、それが私の思考の背景で再生されていたのです。「共産主義」という言葉を口にすると、再生ボタンが押されたように、求めてもいないイメージやレッテル、感情が突然押し寄せてきます。私は、「共産主義」という言葉と、「幸せ」や「陽の光」を結びつけることを、無意識のうちに退けていました。

私たちが「知っている」ことは、頭の中のこの想像の空間から生まれます。イメージは、印象だったり、ちらっと姿を見せたりするだけのことも多いので、思考をつくる過程でのイメージの役割は過小評価されがちです。私たちが無意識のうちに、信念を保護するために作り上げているイメージは、身体の感覚やさまざまな感情を呼び起こします。ソビエトの支配下にあった共産主義を表現するために使われた言葉が、私の想像に影響を与えました。「悪の帝国」は、太陽の光が降り注ぐような風景の中に存在しません。

私たちが自分自身のためにつくるサイレント映画は、複雑な道徳上のジレンマを抱える3時間の映画ではありません。私たちが印象から作り出す短くて素っ気ない声から生まれるものです。私たちはそれを無意識のうちに行っています。記憶のイメージは認知の中心です。しかし、視野全体を知覚したり、記憶のすべてを読み出したりすることは、人間の能力では不可能なので、私たちは取捨選択しているのです。

つまり、**私たちは言語から構築された印象を明確にするイメージを選んでいる**ということです。私たちの頭は、もっと忍耐強く考えたら重層的で複雑な思考になるであろうことよりも、視覚的で簡潔な表現を好むのです。

しかし、もし私たちがニュースを聞いたり、講義を受けたり、映画を見たり、外国に旅行したりする前に、反応を支配している無意識の印象を「認識する」ように時間を費やしたらどうなるでしょうか。これこそが教育の本質であり、あなたが子どもに本を読み聞かせたり、歴史について教えたり、一緒に映画を見たりするたびに影響を及ぼす、個人ごとの裏のカリキュラム（教育課程）です。

　これらのイメージは、政治や社会問題、宗教や歴史、良い人生とは何か、算数の学び方などを子どもたちが理解する方法を左右する基本となるソフトなのです。しかし、子どもたちが自分の内の「印象」を、洗濯物のように取り出して並べ、観察したり考えたりする機会はどれほどあるでしょうか。

　より深く考えるということは、視野を広げ、自分の感情的な反応に気づき、それに基づいて下した判断を評価する能力にかかっています。

　では、実践してみましょう。まず、子どもではなく、読者である皆さんから始めたいと思います。あなたの心の目を通して、提示された経験や想像から思い浮かべたイメージによって、あなたの体がどのようにリラックスしたり緊張したりするかを自覚しましょう。子ども向けのほかのアクティビティとは異なり、このエクササイズは大人の読者のためのものです。あなたの心と想像力がどのように瞬間的な反応を生み出すのか確認するという貴重な体験ができます。

Lesson

03

サイレント映画

静かに座って、次の指示を読んでください。できれば目を閉じて、それぞれの場面を想像してから、次のシナリオに進んでください。

ハイキングコース

1 午後の暖かい日差しの中、なじみのある大きな公園のハイキングコースを歩いていると想像してください。何が見えますか？　空、木々、道、湖や小川、海、鳥、昆虫など、じっくり細かく描写してください。それから、自分の身体に注目します。どんな感覚がありますか？　リラックスしている？　緊張している？　暖かい？　肌寒い？　肌の表面、あご、首筋に注意してみてください。自分の足でハイキングコースを歩いています。感覚や音はどうですか？　ほかに何かあるでしょうか？　平和な気持ちですか？　不安なことがありますか？　安全ですか、それとも危険ですか？　楽しい、それとも心配なことがある？

2 次に、夜、懐中電灯を使わずに同じ道を歩くことを想像してください。何が見えないでしょうか？　夜にはどんな感覚を覚えますか？　暗闇は、あなたの歩く自信にどのような影響を与えますか？　道のくぼみが気になる？　ハイキングコースから浮き上がった木の根につまずいた？　フクロネズミやスカンクを見つけるのが間に合わなかった？　蛇が地面に、コウモリが頭上にいた？　サボテンを踏んでしまった？　頭上の星の海に驚いた？　あなたは暗闇に癒されますか、それとも不安になりますか？　出てくるものをメモしましょう。

3 今度は、夜同じ道を懐中電灯で照らしながら歩く様子を思い浮かべてみてください。光によって、身体の反応はどのように変化しますか？　昼間に歩くのとはどう違うのでしょうか？

4 次に、経験豊富なハイカーを同伴して、暗闇の中で懐中電灯を使わずに歩くことを想像してみてください。快適さは増したでしょうか、その逆でしょうか？

都市の路地

1 大都市の繁華街の、高いビルの間にある、初めて訪れる路地を歩いているところを想像してください。昼間の明るい時間帯に歩いています。何が見えますか？　わかるようであればその地域の名前、建物の説明、舗装の種類など、詳しく説明してください。今、あなたの身体には何が起こっていますか？　日中のハイキングコースでの散歩と比較して、どのように感じているでしょうか？　安心、不安？　安全、危険？　楽しい、心配？

2 真夜中に同じ路地を一人で歩いているところを思い浮かべてください。何が変わるでしょうか？　何かありますか？　何が不安で、何が心地よいですか？　この場面に街灯を加えてみたらどうなりますか？　感じ方は変わりますか？　どんなふうに？

3 次に、地元の人と一緒に夜の路地を歩くことを想像してみてください。その人の同行で、あなたの身体がどう影響を受けていると感じますか？　一旦休んで、呼吸がどのように変化したか、想像がどのようなイメージを呼び起こしたかについて考えてみましょう。

あなたの身体は、それぞれの場所、それぞれの時間帯、照明や同行者の有無によって、その反応にわずかな違いを感じていますか？　この簡単な思考実験では、あなたが頭の中で、想像で作り出した場面に、自発的な反応をするように誘導することができたでしょう。

今度は、昼と夜の両方の時間帯に、懐中電灯や街灯、同行者がいる場合といない場合で、「ハイキングコースと都市の路地の両方を実際に歩いて」みてください。実際にそのように「歩いた」ら、どれだけ多くのことを学べるか想像してみてください。

あなたが心の中で歩いた場所は、あなたにとって現実のものです。それぞれのシナリオで安心または不安を感じる理由について考えるあなたの姿勢は、あなたが知っている事実、つまり、あり得るかもしれないことへの恐れ、経験やニュース報道、そして、自然にできてしまった東欧に対する私の印象のように、家族やコミュニティの中で語られる物語を通して蓄積された信念からできています。

あなたの身体の反応は、あなたが本当に信じていることにもっとも近いものです。その信念が検証可能な事実から作られたものにしても、あなたが真実である「べき」だと考えていることから作られたものにしても。たとえば、ハイキングコースは安全だと「わかって」いても、夕暮れどきになると、その印象は一変します。夜は危険と関連づけられることが多いからです。また、繁華街の路地は安全だと「思いたくても」、そうした場所を危険視する毎晩のニュースの影響を、身体が克服するのは難しいのです。逆に、あなたが繁華街に住んでいれば、ハイキングコースのほうがより危険で、路地は自分の領域だから完全に安全だと感じるかもしれません。

私たちが自覚的なクリティカル・シンカーになるためには、心の動きや感情の動き、つまり情報の取り込み方の分類を確認する必要があります。そのためには、まず自然につくられるイメージを呼び起こし、それに質問を投げかけて、隠れた思い込みや不完全な情報をあぶり出すことから始めます。

このような自己質問ができるようになると、あなたの配慮のもとでよりしっかりと子どもを導くことができるようになります。自分自身への質問を身につけること（前章で説明した問題提起の教育）は、洞察を引き出し、現在の不完全な思考を明らかにする方法の一つです。おもしろいのは、子どもは生まれつき好奇心が旺盛で、進んで先入観を覆そうとすることです。幼い子どもは、ひっくり返すことができる先入観すらまだもっていません！だからこそ、私たちは赤ちゃんや幼児に限りない喜びを感じるのです。彼らは、私たちがありふれていて当たり前だと思っていることに、新鮮な視点をもたらしてくれます。

子どもは優秀な探偵のように虫眼鏡を近づけてくまなく観察しているはずです。私はこれを「熱心な観察」と呼んでいます。じっくりと観察することは、自分の知覚に注意を払うこと（ただし、判断は控えめに）。目が輝いていて、元気いっぱいの小さなうちは、まず感覚的経験のダイヤルを上げてあげます。視覚、聴覚、触覚、嗅覚、味覚を刺激するようなおもちゃや道具、味を与えるのです。「あかるい」「うるさい」「やわらかい」「いいにおい」「すっぱい」など、経験するものに名前をつけてあげます。

子どもは成長するにつれて、それらの感覚をより巧みに解釈することを学び、自分自身で意味を創造できるようになります。「あかるい」というのは、照明が目にしみるということかもしれませんし、暗い空間が明るくなったということかもしれません。子どもが判断するのです。

子どもたちは、「いい」香りと香水を、「すっぱい」味とレモンを、結びつけることを学びます。10代になると、子どもたちの感覚は、さらに個人的な解釈へとつながっていきます。たとえば、いい香りの香水とある人を関連づけていた場合、身につけている人が冷酷な人であったら、その香りは脅威として感じられるかもしれません。しかし、レモンの酸味は、裏庭にレモンの木が生えているフロリダのおばあちゃんの家に行ったときのことを思い出させ、癒しだと感じるかもしれないのです。このように、観察と個人的な体験の積み重ねが、解釈につながっていきます。

Lesson
04
熱心な観察

次の3つの熱心な観察活動は、楽しいエクササイズです。正解のないプロセスとしてとらえてください。そう、そのほうがいいでしょう？　私たちは、歪んだ世界観をもつ自分を責めるためにここにいるのではありません。もっと豊かで美しいものを発見するために、ここにいるのです。まずは、私たちの素晴らしい五感から始めましょう。楽しく、そして生産的に「時間を浪費」して観察し、研究対象に親しんでみましょう。

クリティカル・シンキングの基本は、私が「N2I2」と呼ぶ、「気づく」「名づける」「特定する」そして「解釈する」の4つの観察スキルです。

- 気づく（Notice）：個人的な印象や反応に注意する。
- 名前をつける（Name）：つくられた印象はどんなものか。
- 特定する（Identify）：印象の源を探る。

■解釈する（Interpret）：印象に予備の意味を与える。

このような活動を行う際には、子どもたち一人ひとりが気づき、名づけ、特定し、解釈したことをもとに、個人的な意味が作り出されていることを思い出してください。つまり、あなたがこの香水は甘い香りがすると思っている一方で、子どもがその香水を恐ろしい刺激的な臭いと認識しても、それはまったく問題ありません。

好奇心がキラキラ5～9歳：五感を使う宝探し

自分のきめ細かい感覚をどのように理解するかは、私たちを取り巻く世界を解釈するための基礎となります。私たちは、感覚を通じて情報を集め、そして、それを意味あるものにします。このような感覚的な体験が、私たちの頭の中で再生され、反応を導くサイレント映画を作り出します。感覚の入力は、個人的な文章や思考を生む豊かな材料でもあります。さあ、始めましょう。

手順

1 手触り、重さ、におい、色の異なるものを5～10個、家の中で探すように子どもに伝えます。

2 その品物をキッチンのテーブルに持ってきます。

3 子どもが観察している間、以下の質問を使ってメモを取ります。

質問

「気づく」

- 持ってみたい、触ってみたいものはどれ？
- やさしく触らないといけないのはどれ？
- 手に持ったときに変な感じがするのはどれ？
- 持ったら温度が変わる（手が冷たくなったり、温かくなったりする）ものはある？　そうなるものと、そうならないものはどれ？
- 重さ順に並べてみよう。できたら同時に2つ持ち上げて重さを比べて順番を決めてね。軽いものから重いものへ、それとも重いものから軽いものへ、どちらの順番にしたかな？　どうして？　ほかの順番でもやってみよう。どのように見える？　重いものの中には、軽いものよりも小さいものがある？　同じような重さのものがある？　一番重いものと一番軽いものの間に大きな違いがある？　並び順をメモして、写真を撮ろう！

■今度は大きさの順に並べてみよう。一番小さいものから始めた？　それとも一番大きいものから？　写真を撮ろう。大きさを比べるとき、高さと幅のどちらで測っている？　逆にしてみよう。順番はどう変わるかな？　重さ順に並べたときと、どう違うだろう。写真を比べてみよう。

「名前をつける」

■アイテム一つひとつの手触りに名前をつけよう：ざらざら、すべすべ、チクチク、モコモコなど。

■一つひとつ、どのようなにおいを感じる？　くさい、それともいい香り？　甘い？　刺激がある？

■何種類の色がある？　数えてみよう。

■明るいところ、うす暗いところで見るとどんな色？　上からと下から見たときはどうかな？

■単色のアイテムの中に黄や緑のものはいくつ見つけられる？
■注意深く観察してみて、何色くらい見つけられた？

「特定する」
■自分にとって意味のあるグループ（色、手触り、形、香り）ごとにアイテムを分けよう。
■各グループにいくつのアイテムがあるか数えてみよう。
■好きな順番で並べてみよう。
■一番見ていて楽しいものから順番に並べよう。
■アイテムの共通点は何かな？　違いは何かな？
■一番似ているアイテム、一番似ていないアイテムを挙げよう。

「解釈する」
■家の中を見渡したとき、これらのアイテムのどこに興味をもった？　考えてみて、テーブルに持っていかないことにしたアイテムはある？　どうしてかな？
■重いものが重くなっているわけは？　どうして別のアイテムは軽い？
■もう一度、色について考えよう。どうして、私たちは、パッと見たときは「一色」

に見えて、よく観察すると「いくつかの色」に見えるのかな？

■「香り」と「におい」はどう違うのかな？

■これらのアイテムについて、またそれらを探したことについて、ほかに話したいことはある？

このような質問に子どもの質問を加え、子どもからも「あなたに」質問してもらいましょう。子どもの答えとあなたの答えを比べてみてください。質問を通して、そのアイテムについてよく知る方法を詳細に認識することが目標です。

パッと通じる10～12歳：袋の中には

『脳の右側で描け』の著者であるベティ・エドワーズは、私たちの多くが絵を描くことができないと感じるのは、見ることを教わっていないからだと説明しています。

私たちは鉛筆を手にしたとき、自分が見ているものを理解していると「思い」、「その」イメージを描こうとします。たとえば、日常生活では額ではなく目を見ているので、顔の中で目が占める面積が実際よりも大きいと想像してしまうのです。子どもが顔を描こうとすると、目が大きく、頭の上のほうに描かれることがよくあります。作品を見るとき、おかしいと感じても、その間違いを修正する方法はわかりにくいのです。

定規のような客観的な道具を使って、何が間違っていたのかを見つけてみるとどうなるでしょうか。目は、頭頂からあごの下の間、頭部のちょうど半分の位置にあることがわかるでしょう。額が予想していたより大きく、それに比例して目がずっと小さくなっているのです。

正確に描くためには、思い込みを「忘れる」ことと、正確なデータによって自分の知っていると思っていることが覆されるのをいとわない意志が必要です。私たちは、自分の頭、つまり自分の目を騙して、自分の思い込みとは異なる関係や比率を観察しなければならないのです。エドワーズの本では、描いている絵を逆さまにして、作者の思い込みを混乱させるように指導しています。

これと同じように、クリティカル・シンキングも頭の中の新鮮な目で見ることが重要です。正確な情報だと思い込んでいるものを手放します。誤って認識している情報があるかもしれないので、新しい考えや視点に対して自分自身を開放するのです。

このような開放的な境地に達するためには、意図的に自分の予想をひっくり返す必要があります。私たちが事実とみなすデータの最大の源は目であるため、この最初の活動では視覚の力を排除します。

手順

1 次のような、家にあるものを集めてみましょう。香水瓶・松ぼっくり・スターフルーツ・指人形・ボトルブラシ・貝殻・羽毛・ビロードの枕・川の石……などです。多岐にわたるアイテムを自由に選んでください。

2 次に、アイテムを1つずつ紙袋に入れます。袋は透けないものがよいでしょう。

3 袋を、キッチンテーブルの上やコーヒーテーブルの上の「ステーション（定位置）」に置きます。

4 子どもに目隠しをします。アイマスクを使っても、バンダナを目のまわりに結んでもいいでしょう。

5 子どもは一度に1つの紙袋に手を入れます。すべての袋を自由に触ることができます。楽しいです。

6 子どもがアイテムを触って確かめる間、次のような質問をし、クリップボードに書き留めます。たとえその品物が何であるか「知って」いても、「気づく」作業が終わるまでは、そのアイテムに名前をつけないようにすることを事前に伝えておきましょう。

質問

質問を、会話調でお子さんに音読してあげてください。行きつ戻りつ自然におしゃべりをするのがポイント。

「気づく」

- 袋を開けて、その品物に触れてみよう。まず感じることは何かな？
- 手の中でアイテムを動かしてみて。そうすると、何か変わることがあるかすぐに分かる？　持っていて楽しい、不快感、落ち着かない感じ、心地よさ、チクチク感、暖かさ、冷たさがある？
- どのくらい重い、または軽いかな？　どのくらい大きい、または小さいかな？　パーツは何個くらい？

■袋からアイテムを出してにおいを嗅いでみよう。このにおいを嗅いで、楽しい気分になる？　それとも嫌な気分になる？　どちらでもない？
■振ると音が出る？　どんな音？　嬉しくなる音？　いやな音？
■そのアイテムを口に入れられるかどうかを子どもに知らせます。もし、口に入れられるなら、どんな味かな？

「名前をつける」
■手触りはどう？　どのように表現できる？
■形はどうなっている？
■何面、寸法はどのくらい？
■一番似ている幾何学図形は何だろう？
■香りと味（食べられる場合）に名前をつけよう。ほかの香りや味との比較で思い当たることがあれば教えて。

「特定する」
■そのアイテムが、その手触り、重さ、形状になっているのは、何が原因かわかるかな？

■パーツの名前を言えるかな？　それらは何だろう？

■そのアイテムの用途（食用、道具、装飾品、自然の一部など）を想像できるかな？

■このアイテムは何だと思う？

「解釈する」

■目隠しを外して、目で見て観察しよう。

■今までの答えを見返してみよう。視覚を観察手段として使えなかったとき、どんなことを見逃していたのだろう？　また、新たに観察できるようになった点（たとえば、色など）は何？

■あなたの観察は、アイテムの用途と一致しているかな？

■たとえば、においが不快だと言っていたけれど香水だと判明した場合、それは用途の不一致なのかな？

■そのアイテムの用途を詳しく教えて。重さ、形、手触り、香り、色、味は、そのアイテムの用途を達成するのに役立つかな？　邪魔をしているのは何かな？

■観察をして驚いたことはある？　それはどれで、なぜだろう？

覚えておいてほしいのは、正しい答えなどないということです。すべての観察は、同じように詳細でなくても、同じように明確でなくても、同じように意味があるのです。正解の先入観にとらわれない詳細な観察こそが、質の高い、楽しいクリティカルな調査の基礎になります。

シャープな頭脳の13～18歳：イメージの熱心な観察

10代の子ども向けには、社会問題に関連したイメージを見てみましょう。この観察は、具体的な対象ではなく、抽象的なテーマを対象とします。頭の中のイメージが解釈に影響を与えることを忘れないでください。私の東欧への旅を思い出してください。私は、背景で再生されているサイレント映画に気づいてすらいませんでした。そのサイレント映画と現実を比較する機会があって初めて、自分の頭の中で作り上げたものに気づきました。このエクササイズでは、ここに挙げた社会問題に関連する頭の中のイメージについて質問に答えてもらいます（子どもが自分で選んだものでも可）。

このプロセスを数週間にわたって数回繰り返すと有益です。1回目は、強い反応を呼び起こすテーマを選びます。2回目は、強い信念や意見を呼び起こさないテーマを選びます。それぞれの経験を比較します。

テーマ

- 大学のアスリート：大学スポーツ選手には報酬を与えるべきか？
- 写真編集やフィルタリングツール：広告でモデルの顔や体を加工することは倫理にかなっているか？
- ホームスクールの規制：政府の監督なしで親が子どもに勉強を教えることは許可されるべきか？
- 暴力的なゲーム：遊ぶ人の攻撃的な行動を増加させる役割を果たすか？
- 性差のあるおもちゃ：おもちゃは男の子向け、女の子向けに販売されるべきか？
- 動物の権利：医療や化粧品の実験に動物を使うことは倫理的か？
- ソーシャルメディア：ソーシャルメディアは言論の自由を抑圧するか？
- 携帯電話：運転中の携帯電話使用を制限する法律は適切か？
- 音楽と映画：音楽と映画を無料でダウンロードすることは倫理にかなっているか？

■アメリカとメキシコの国境にフェンスを設置：フェンスは有効な移民戦略か？

手順

1 白紙の一番上に選択したテーマを書きます。

2 質問をして、口頭での答えを子どもの代わりにタイプするか、書き出してください（一人で作業したい子は、そうしてもいいでしょう）。

3 必要なだけ時間を使うように、子どもを促します。目を閉じて、想像力のカメラレンズを動かして、隅々まで見たり、前景の裏側を見たり、視覚から得られる情報をすべて考慮するよう伝えます。

4 質問します。次の質問のすべてが、提案されたテーマに関連しているわけではありません。一致しないものは飛ばしてください。

質問

■落ち着いてこのテーマについて考えるとき、どんな場面が頭に浮かびますか？　それらをできるだけ詳細に説明してください。それから次の質問に進み、詳細を付け加えてください。

■人が見えますか？　肌の色は？　性別を特定できる？　見慣れた人たちだけでなく、多様な人たちを考えてみましょう。支援が必要な人、中流階級の人、富裕層の人？　彼らはどのような服を着ている？　大人、もしくは子ども？　どの宗教に属する人たち？　どんな食べ物を食べている？　その人のために温かい飲み物を持ってくるとしたら、どんなものがいい？

■どこに住んでいる？　一軒家？　アパート？　マンション？　遊牧民族の移動テント？　キャンプ用のテント？　農村、都市、または郊外の環境？　人々は何をしている？　座っている、立っている、料理をしている、掃除をしている、テレビを見ている、趣味に打ち込んでいる、家で仕事をしている、ご飯を食べている、勉強をしている、お祈りをしている？　子どもと大人の比率は？　責任者は誰？　満足している人は誰？　満足していない人は？　どうしてわかるのでしょう？

■彼らは何をしている？　主な活動は？　どこで行われている？　研究室？　写真の撮影会？　ゲームのコントローラー上で？　役員室？　家庭で？

■人の感情を察することができる？　次のような可能性を考えてみてください：満足、心配、恐怖、怒り、激しさ、無関心、興奮、目的意識、好奇心、確信など。

■こうした場面はどこで展開されているでしょうか？　あなたの街で？　ほかの街

で？　ほかの地方や国で？　あなたの家のリビングルームで？　屋内か屋外か？

■天気はどんな感じ？　一年のうちのどの季節？　どんな色が見える？　それとも色みはない？　暖かい、それとも寒い？　複数の季節？

■部屋、庭、キャンパス、研究室から何が見える？　また、テーマについて考えるうちに、元の場面に新しい場面が入り込んでくることはある？　それはどのようなものので、どう思う？

■もし、あなたのテーマが広告看板になるとしたら、何を掲げる？

■もし、あなたのテーマが言葉のない写真だとしたら、写真に何を含める？

■あなたのテーマが機器に関することである場合、それはどのような種類の機器？　このテーマに理想的な機器は何？　安全、それとも危険？

■あなたのテーマが広告だとしたら、賛成の意志を表すもの、それとも反対の意志を表すもの？　その視点を示す画像やストーリーはどんなもの？　今、あなたの視点を自社の広告でアピールしているブランドはある？　頭の中でそれを思い浮かべてください。どの広告？

次のことを子どもと共有しましょう。

あなたが頭の中で呼び起こしたイメージは、そのテーマに関する記事や本の読み方に影響を与えます。また、ニュース報道をどのように聞くか、これらのグループを構成する人々に会ったときに何を感じるかにも影響を与えます。あなたのサイレント映画は、そのテーマについて話すときの語彙を形成します。あなたは、これらの印象に気づき、名前をつけ、特定しました。あとは解釈する段階です。

- 頭の中の目で見る映像について、驚くような発見がありましたか？
- 質問がきっかけとなって、あなたのテーマの見方に変化はありましたか？　たとえば、家庭教育について考えたとき、一軒家しか想像したことがなかったかもしれませんが、集合住宅についての質問で、実際にアパートやマンションで家庭教育をしている家庭もあるのでは、と考えたかもしれません。テーマに登場する人たちはどこに住んでいるかという質問を読んで初めて、国境の壁付近にはテントで生活している人たちがいることを知ったかもしれません。
- 作り上げた全体像は、そのテーマについての考え方にどのような影響を与えていますか？　たとえば、私は「共産主義の国では太陽は輝かない」という誤ったイメージによって、そこに住んでいる人たちがいつも不幸なのだと思っていました。

■今、頭の中の整理を終えて、テーマについて考えるとき、テーマの全体的な印象や傾向を挙げてください。肯定的ですか、否定的ですか？　始める前と比べ、何か変化がありましたか？　あなたが考慮しなかった新しい情報はありましたか？

＊＊＊

これらのアクティビティを子どもと一緒にやってみたら（何度でも自由にやってください！）、次の章に進みましょう。このような観察は何のためにするのでしょうか？　どこにつながっているのでしょうか？

第5章

「知りたい」を育てる

本格的な話に入る前に、今日のエデュケーションならぬ「エデュマケーション（訳注：平凡なプログラムで現代の「教育」を受けたときに得られるものを示す、「education」をもじった現代的な皮肉表現）」の目的について考えてみましょう。それは、「やり通す」ことと「やり遂げる」ことですが、これらは学習成果を測る適切な方法なのでしょうか。それとも、より適切かつ個人的な尺度があるのでしょうか。

クリティカル・シンカーを育てるには、目的があってこそ。目的もなく育てる必要はありません。

教育の意義について考えていたとき、ノーベル賞受賞者のトニ・モリスンが、彼女の生涯を描いたドキュメンタリー映画『Toni Morrison: The Pieces I Am（トニ・モリスン　私をつくるピース）』で語った言葉に行き当たりました。1960年代の公民権運動の時代、友人の多くが街頭でデモをしていたころ、モリスンはシングルマザーとして2人の息子を育てていました。

ニューヨークの出版社ランダムハウスでシニア・エディターとして働いていた彼女は、責任感ゆえに遠方へいくこと、逮捕されるような危険は冒さないことを決めていましたが、デモ参加者との連帯感を示したいと思っていました。

そこで、気持ちを明確にするために自問します。**「今いる場所で、私には何をすることができるのか」**

今いる場所で、私には「何を」することができるのか。
今いる場所で、私には何をする「ことができる」のか。
今いる場所で、「私には」何をすることができるのか。
今いる場所で、私には何を「する」ことができるのか。
今いる「場所」で、私には何をすることができるのか。

言葉の一つひとつに説得力があります。モリスンは、自分の才能と編集者としての立場を利用して、変化を起こせることに気づきました。そして、公民権運動家のアンジェラ・デイヴィスやモハメド・アリの伝記の出版契約に向けて動きました。モリスンは自分の受けた教育と編集者独自の立場を生かして、自分にとって重要な社会変革を前へ進めたのです。実際に「今いる場所で、私には何をすることができるのか」と問いながら。

教育の本質的な意義

正式な教育という意味では、私はその問いをこんなふうに理解しています。「この場所に存在している私という人間が、自分の専門分野のツール・研究・洞察を、人類の向上のために、今ここで、どのように使うことができるだろうか?」。

幼い子どもに関する文脈なら、こう考えます。「このテーマは、『子どもが自分自身や他者にとってどのような存在であり、どのような存在になれるのか』という問いにどう関係しているか?」。これこそが学校教育の存在意義だと思いませんか?

全体像について説明しましょう。**私たちは世界の変革に参加するために学んでいる**のだと私は思っています。化学の学位を取ってシャンプーの質を向上させるという貢献方法だってあります。私たちのありとあらゆる貢献というのは、総じて暮らしをよりよいものにします(あるいは少なくともそうであるべきです)。モリスンが自身に投げかけた挑発的な問いかけは、そういう意味ではないでしょうか。

時代にはそれぞれ、大きな使命が課せられています。ある研究分野について最新かつ最良の理解を深め、それを他者のために自由に、効果的に、人間らしく表現するという使命です。学問とは、お金や権力を蓄えることが第一の目的ではなく、知恵を身につけ、その知識をあらゆる人々の暮らしの向上に役立てるためにあります。

私はこの時代に生きていて、ひっくり返るほどびっくりしています。だって24時間あれば地球の裏側まで飛んでいけるんですよ。インターネットサービスの料金を支払うだけで、バンコクにいる息子とテレビ電話で何時間でも話すことができます。iPadで「検索」をクリックすれば、知りたい統計データを数秒で見つけることができます。家事も機械がやってくれます。これらの技術的な驚異は、まさに世界中の何十億という教育を受けた人間がその才能を結集し、あらゆる場所のすべての人の生活を向上させた結果なのです。

学問の負う役割は貢献です。つまり、私たち一人ひとりが自分の研究分野で何世紀にもわたって続いてきた素晴らしい会話に参加し、世界中のすべての人々の繁栄のために、自分の声を使ってアイデアのシンフォニーを広げていくことです。「今いる場所で、私には何をすることができるのか」という問いかけこそが、堅固で有意義な教育が目指す明確な目標です。

しかし、学校教育を受けていると、「数学のテストに合格しなければ、次の数学のテストを受けることができない」というふうに感じることが多いのです。

たとえば、数学が重要なのは、より高い正確性を求めることができるようになるからです。数学は大切なものを測る最高のツールであると子どもが考えたらどうでしょうか。たとえば、パン作りのレシピに使う小麦粉のカップ、菜園の土に対する堆肥の割合、水ぼうそうで発熱したときの体温、キルトの継ぎ目を仕立てる角度、ゲームオーバーになるまでに残された時間などです。

そして数学をクリティカル・シンキングのツールだと考えたらどうでしょう。数学は、オンラインや書籍、記者会見で叫ばれているすべてのデータの理解を可能にしてくれます。また、歴史を学ぶ際にも、数字に精通することで規模感を理解し、特定の日付や何世紀もの時間を意味あるものにできたらどうでしょうか。

息子の一人が数学に夢中になったのは、惑星と恒星の間の膨大な距離（読んで字のごとく、本当に大きな数字）に魅かれたからです。子どもたちが小学生のころ、近所の複数の家族を招待して、太陽系を再現したことがあります。私たちは、10億分の1に縮小したモデルをもとに距離をとって立ちました。子どもたちは、通りの端にある太陽から測定可能な距離で並び、正しい距離をとって惑星を加えていき、外側の惑星（近年、惑星の地位から降格した冥王星を含む）までたどり着きました。冥王星役の人は、私たちから約4・8キロメートル以上も離れないといけないことがわかりました。子どもたちは、太陽系の広大さに衝撃を受け、息をのみました。

数学が、ワークシートを解くための抽象的な科目である必要はありません。正確性を追求できるようになるクリティカル・シンキングのメカニズムなのです。もし生徒が数学の「価値」を正しく理解していれば、数字が伝えるものに対して、怒りや感謝の気持ちを正確な比率で表現できるようになるでしょう。関心がなければ、教育は単なる「購入品」になってしまいます。数学のスキルを身につければ、優秀な学位保持者集団にも入れます。

また、読書や歴史、外国語の学習についても、同じように問うことができます。

情報を習得することよりも、その教科がいかに「知りたい」気持ちを引き出すかと問いかけることのほうが重要です。つまり、その教科自体やほかの教科との関連、そしてその教科の重要性に、深い関心をもつことです。

クリティカル・シンキングは、「知りたい」という気持ちから始まるのです。

ゲームはクリティカル・シンカーの育成に有効

じっくり考えるということは、自分の考え方を改善するために十分な注意を払うということです。

驚くのは、子どもたちが思考方法の向上にもっとも効果的なツールに、すでに夢中になっていること。それは、ゲームです。ボードゲーム、ビデオゲーム、サイコロゲーム、カードゲームなど、あらゆる種類のゲームがあります。

哲学者のバーナード・スーツが著書で述べるゲームの定義が、私のお気に入りです。**「ゲームプレイとは、必要のない障害を自ら克服しようとする試みである」**。この定義で注目したいのは、「自発的」と「克服」という2つのキーワードです。ゲームというのは、子どもたちの生活において独特の性質をもちます。子どもたちが自ら選択し、ゲームによってもたらされる、必要のない障害を乗り越えようとするからです。これは、「じっくり考えたいという気持ち」を育てる最適な条件です。子どもたちは、正確にプレイしたい、勝ちたい、そしてプレイ技術を向上させたいと思っています。

ゲームは、柔軟な思考力、粘り強さ、探求力、正確性に向けた努力、想像力と革新力、明瞭さと先見性を備えた思考力など、優れた思考のスキルを多く育みます。そのうえ、楽しいのです。私たちは、じっくり考える力を育むために「楽しさ」がいかに重要であるかを忘れてしまいがちですが、楽しさと有意義なリスクの両方を求める精神とは、落ち着きと注意深さを両立させた状態です。

ゲームは、学習に最適な「ハイレベルの挑戦を可能にしつつも脅威となるものが少ない状態」も作り出します。脳研究者のリネート・ケインとジョフリー・ケインは、落ち着いた緊張状態をつくる重要な要素の一つとして、「テーマ性のある魅力的な活動」と呼ぶものを挙げています。これは、「私たちが思考やアイデアを整理する」ための中心点です。スポーツをする、漫画を楽しむ、4–Hの大会（4つのH〔head、hands、heart、health〕の発達・増進を目指して行われるアメリカ合衆国農務省を母体とする青少年育成事業）に参加するなど、テーマ性のある魅力的な活動は、子どもに個人的な力と目的意識を体験させてくれます。「こうした活動によって、人それぞれの中心点と枠組みを得ることができ、思考パターンが定まります。牡蠣が砂粒のまわりに真珠をつくるように、魅力ある活動によって感じられた意味が『種』になるのです」。ゲームをする人がゲームを通じて自分自身のために形成する個人的な意義は、問題解決やより大きな課題への挑戦に向かう意欲をかき立てます。そして「創造的に考え、曖昧さを許容し、欲望に飛びつかないことを学びます。どれも知識が純粋に広がっていこうとするときに欠くことのできない本質的要素です」。

私の長男のノアはもう大人ですが、ゲームが大好きで、数百ものゲームを持っています。また、オープンソース・オンラインゲームのリードデザイナーでもあります。地下室には、ボードゲーム、カードゲーム、ロールプレイングゲームがたくさんあります。

新しいゲームをプレイするたびに、わざと負けて、ゲームプレイを可能な限り反復し、ゲームの限界と可能性を見つけ出します。ゲームに失敗する方法を知り尽くした彼は、恐ろしい対戦相手です。30年以上にわたって、オンラインゲーム、家庭用ゲーム機、テーブルゲーム、カードゲーム、ロールプレイングゲーム、サイコロゲームなど、あらゆる種類の何千ものゲームをプレイしてきたのです。

ノアはボードゲームの箱を開くと、すべての構成要素を「調べ」、コマを取り出し、カードをプラスチックの保護カバーに入れ、説明書を読み、ゲーム用のコインを指で触って、ゲームボードを広げます。探索の段階は重要です。これから始まる体験のために、頭の準備を整えることができるのです。

次に、ノアは対戦相手を想定し、ゲームの進め方を試して、起こりうる結果を想像してみるという「実験」をします。そして、繰り返し説明書を読むのです。

それから、そのゲームを初めて経験するプレイヤーに対して、できる限り丁寧にゲームの「説明」をします。この説明の段階には、それまで培ってきたゲームに対する理解がすべて集約されています。

私たち初心者がこの説明をどれだけ理解できるかは別として、新米エキスパートであるノアと、熱心な学習者である私たちでゲームを始めます。ゲームが進むにつれて、質問が勢いよくどんどん出てきます。

- 今、このカードを使ったらどうなる?
- もし彼女が私を止めたい場合はどうしたらいい?　彼女は何をする?
- Xをお願いしてもいいの?
- コインを使いきってしまったらどうなるの?
- この動きってどのくらいの価値がある?
- こう進めたらどんなリスクがある?

私たちはそれぞれゲームを探求し、さまざまな手を試し、ゲームの仕組みや予測される結果について、お互いに説明します。質問は、ゲームの中で行われる具体的な行動に関するものです。うまくいく戦略も、見事に失敗する戦略も見つけますし、危うく難を逃れるという楽しさもあります。プレイヤーは、ゲームに勝つという共通の目的をもって行動しています。個人で勝つゲームもあれば、チームで勝つゲームもあります。現在では、ゲームそのものを相手にして、「全員が」勝つことを目的としたゲームもあります。子どもたちは勝ちにこだわるので、クリティカル・シンキングのスキルを身につけるのは簡単なことのように見えます。

ビデオゲームはしないほうがいい？

ボードゲームの遊び方について、親が心配することはめったにありません。こうしたゲームは、子ども時代の楽しい思い出を蘇らせてくれます。大人が監視し、聞き耳を立てることができるテーブルの上で行われます。

しかし、ビデオゲームとなると、不安が噴出します。ビデオゲームにはボードゲームと同じような利点があるにもかかわらず、頭と機械の間で生まれる学習を監視できないという事実が、大人たちを不安にさせるのです。公正を期して言えば、こうしたゲームに関する研究結果はわかりにくく、何度も物議を醸しています。最近の長期的な研究は、この点では有望です。現在のデータを徹底的に収集した結果、次のような暫定的な結論が導き出されています。

「ビデオゲームに関する議論では、プレイヤーの多くが依存症になることへの懸念に焦点が当てられてきた。この種のゲームは世界的に人気があるため、多くの政策立案者は、ゲームのプレイ時間が幸福に及ぼす悪影響を懸念している。この調査の結果は、そのような見方を否定するものである。2つの大規模なサンプルにおいて、**プレイ時間と幸福度には正の相関関係があった**。したがって、本研究によれば、ビデオゲーム中毒を抑制するための予防策として、ゲームを直ちに規制する必要性はない。むしろ、我々が得た結果は、遊びが人々のメンタルヘルスにプラスに働く活動であることを示唆しており、ゲームの規制は、プレイヤーが受けるはずだった恩恵を享受できないことにつながる」

さらに、皮肉なことに、ゲームをまったくしない子どもたちのほうが、感情の制御が利かず、幸福度が低くなる危険性があることがわかっています。「ゲームをしないことで、特に男の子は問題を起こすリスクが高くなることがわかっている」。一方、「ゲームが創造的、社会的、感情的にプラスの影響を与えることがわかっています」。また、「グランド・セフト・オート」「バイオハザード」「モータルコンバット」「プリンスオブペルシャ」などの暴力的なゲームをプレイした場合でも、同等に良い結果が得られたという研究もあります。ブルーライトが目に及ぼす影響、画面を長時間見続けることによる首への負担、YouTube広告やソーシャルメディアアプリなど、ネット生活そのものへの不安はあるものの、実際のゲームプレイ自体は、子どもたちの心の健康、感情のコントロール、自律性にとって有益であることが証明されています。

週に7〜10時間ゲームで遊んでいる子どもは、孤独を感じにくく、没入感、楽しさ、健全な集中力を体験しています。この研究は、ケイン夫妻が何十年も前から伝えてきたことを裏づけるものです。

「成功体験を得る可能性があるゲームのタスクやチャレンジに直面するプレイヤーは、ポジティブなストレスを受けることで、『フロー（自分の能力が発揮されてすべてがうまく進んでいると感じられる、精神的に高揚した状態。集中していながら同時にリラックスしている）』や『ゾーン（一時的な極限の集中状態）』を体験できます」

ゲームの効用は、娯楽や心の健康にとどまりません。ゲームは子どもにとって重要なものです。**子どもたちは、ゲームに関心をもつと、熱中しながら能力と自尊心を高めることができます。そして、挫折を乗り越え、解決策を思いつき、正確に思考し、障害を克服す**

るのです。

数年前、私の家族はイタリアに旅行しました。夫のジョンと私は、大きくて扱いにくい地図を開き、よく知られていない美術館への道を探しました。その際、最初に苦労したのは、現在地を知ることでした。もどかしい思いで1、2分が過ぎたころ、3人の息子たちが歩み出て、ジョンの肩越しに顔を出すと言ったのです。「こっちだよ」。3人は揃って同じ方向を指さし、自信満々に歩き出しました。ジョンと私は戸惑いました。息子たちがそんなにさっと地図を読めるとは思えなかったからです。ところがなんと、彼らは少しも迷わずに私たちを目的地に導いてくれたのです。どうしてこんなに早く道がわかったのかとあとで聞いたら、ジェイコブが3人を代表して答えてくれました。「ママ、僕たちは毎日オンラインゲームで地図を見てるんだ。地図なら簡単に読めるよ」

ゲームは生活と隣り合わせで存在しているのではありません。生活につながるパスワードなのです。子どもたちが関心をもつときは、じっくり考える最良の機会です。もちろん、この本全体の主旨に基づき、ビデオゲームについては自分自身で探るようにしてください。人によって有用性は異なりますし、研究結果は継続的に更新されます。本章の後半は、この研究を厳しく吟味するのに役立つ内容にもなっています。

ビデオゲームに対する批判の一つに、子どもたちが遊びすぎてしまうというものがあります。食事や入浴の習慣を身につけさせるのと同じように、デジタル機器も適切だと思われる時間帯に使うよう指導すればよいのです。私がインタビューしたデジタルメディアの専門家であり教育者のアッシュ・ブランディンは、次のような見解を示しており、非常に参考になりました。

子どもがこれほどゲームに夢中になる理由の一つは、ゲームの世界には不変の一定のルールがあるからだとアッシュは説明しています。ゲームをするときは、明確に説明された手順を信頼します。Ｂキーでジャンプしていたのに、翌日にはＢキーでジャンプできなくなったと知ったら、愕然とするでしょう。ルールは、楽しみながら技術を身につけることもできる枠組みを提供します。

子どもと一緒にゲーム時間を決めるときも、同じように期待値を設定しましょう。アッシュはこう言っています。

「幼い子どもは、ほとんど何も自己管理できません。私たち大人の仕事は、子どもが自己管理できるように手助けすることと、あらゆる刺激と健全な関係を築く方法を見つけることです」

「シムシティ」や「あつまれ　どうぶつの森」で成功するためのルールがあるように、家庭や学校での素晴らしい共生を実現する枠組みとして、こうした境界線について話すのもいいでしょう。大切なのは、これらの制限を懲罰的なものととらえたり、怒っているときに制限を設けたりしないことです。ゲームの楽しさ、脳が驚くほど活性化することに注目し、そのうえで子どもの生活に、同じような「テーマ性のある魅力的な活動」を積極的に取り入れましょう。じっくり考えるということが、嬉しい効果の一つになります。

どう考えてみても、ゲーム自体は、クリティカル・シンキングのスキル育成に有効です。その理由はいくつかあります。

1 ゲームのルールは、プレイする上で心強い枠組みとして機能する。プレイヤーは、システムの制約の中で何を期待し、どう行動すべきかを知っている。そして、境界を尊重することを学ぶ。

2 行動を起こすたびに、ゲームの流れが変わる。同じようなゲームプレイは二つとない。革新と創造のチャンスは一定の間隔で与えられる。

3 ゲームのどの時点でも、プレイヤーのポジションの強弱によって戦略は異なる。誰もがいずれは強い立場になりたいと思っているので、プレイを続ける。

4 ほとんどのゲームでは、数える、組み合わせる、掛ける、割る、空間認識、命令する、資源管理、論理、戦略立案、地図を読むなど、基本的な数字が使われている。

5 ゲームは自律性を促進する。自分の行動に責任を持ち、その行動による成功や失敗の結果を即座に経験する。実際、研究によると、学生はゲームの課題に直面したとき、統制力（自律性）を行使する経験を「楽しんでいる」ことがわかっている。

デジタル時代の情報との付き合い方

今日の世界は、勉強、遊び、情報、娯楽など、子どもたちに色とりどりの選択肢を与えています。素晴らしいことが増えるのと同じスピードで、インチキ統計、プロパガンダ、偏見、強欲、陰謀論、人種差別、女性蔑視、利己的な利益や性的な倒錯のためにテクノロジーを利用する人々など、おかしなことも増えています。

子どもたちはこの高速で動く情報のトレッドミルに飛び乗り、事実、意見、倫理、個人の安全、研究の妥当性などを、ときには瞬時に判断することを求められています。10代の子どもたちは知りたがっています。「このソーシャルメディアプラットフォームは信頼できるデータソースなのか？　どこなら信頼できて、どこなら信頼できないのか？」

信頼できる情報はどこから得るのでしょうか。情報源の信頼性はどう判断するのでしょうか。しかし、「どの情報源を信用すればよいのか」という疑問の背後には、より重要な「知りたい」という気持ちがあるのです。子どもが情報やデータの受動的な受け取り手だった場合、メディアプラットフォーム上の有名人の派手な主張を信用して、「きっとそうに違いない！」と結論づける可能性があります。逆に、子どもはあなたが正しいと思いたくないせいで、あなたの言うことを信用しないかもしれません。

正確性へのこだわり

今日の誤情報の多さは「正確性へのこだわり」の欠如が大きな原因です。その対策は？「データ」と「情報源」の両方を検証する方法を学ぶことです。統計解析の分野で知られる社会学者ジョエル・ベストは、この課題の核心に迫っています。**私たちの多くが数字を信じ込みやすい**と、ベストは説明します。数字を見ると、私たちは魔法にかかったようになってしまうのです。「この統計は正しいに違いない。この数字には、重要な意味が込められている」。学校教育の経験から、数量や測定値が根拠をもつと思うため、数字がストーリーに付け加えられると簡単に心を動かされます。

陰謀論者も自分たちの信憑性を高めるために数字を使います。彼らは、一般に使用されていないデータを引用します。

では、どのように見分ければよいのでしょうか。子どもたちが遭遇するデータの信頼性を検証するために、重要な2つのステップを見てみましょう。

測定方法と基準値の特定

すべての統計が真実であるとは限りません。ベストによると、インターネット時代では、「おかしな統計を断ち切るのは吸血鬼を殺すより難しい」のだそうです。その統計が衝撃的であったり、説得力のあるウェブサイトに掲載されていたり、4色のグラフで表示されたりすると、私たちはそれを信じてしまいがちです。

統計を評価するには、2つの必要条件があるとベストは説明しています。第一に、そのデータの測定方法を理解すること。第二に、基準値、つまりその分野の基本的な尺度を知ることです。

たとえば、スポーツでは、ある選手の運動能力をほかの選手と比較するために球速を測定することがよくあります。女子プロテニス選手の場合、時速１０８マイル（約１７３㎞）ほどのサーブを打ちます。記録に残っているテニスの最速サーブは、男子テニス選手のジョン・イスナーで、時速１５７・２マイル（約２５３㎞）です。私はこの基準値を知らずに、女子テニスの２０２１年世界ランキング１位である大坂なおみ選手のサーブが時速１９３マイル（約３１０㎞）だと勘違いしてしまったのです。テニスファンは食ってかかって「そんなはずはない！」と言いました。結局、私が目にした統計は、全豪オープン時に「キロメートル毎時」で記録されていたものでした。つまり、数字の後にＫＰＨ（kilometer per hour）があるのを単純に見落としていたのです。私は、その計測基準を確認せず、サーブの代表的な速度の基準値を知らなかったのに、自分が読んだと思ったものを疑うことさえしませんでした。よくあることです。正しい基準値を知れば、目の利く読者は、誇張された主張やまったくの嘘を見分けることができます。

子どもに、この２つの問いかけを教えましょう。

- そのデータはどのように計測している？
- その基準値は何か？

当然ながら、統計は議論に信憑性を添えますが、それを信頼する前に、誰が情報を提供しているのかを把握することが賢明です。メディア、教科書、ネット上の主張をどのように評価すればいいのでしょうか。信頼できる情報源かどうか、どうすればわかるのでしょうか。

信頼性にこだわってものを考えようとする人は、情報源を吟味します。特に、読んだ情報を伝える前に抜かりなく吟味します（大坂選手のびっくりサーブについて間違った情報を伝えてしまった私とは違います！）。それだけでなく、ある資料が「信頼できる」と言っているからといって、それが正しいとは限りません。逆に、偏った資料だからといって、事実を伝えていないわけでもありません。

方位測定でファクトチェックする

スタンフォード大学の研究者たちが、誤情報から事実を探し出す際に非常に有効だとしたのが、その名の通り「ファクトチェッカー」たちです。彼らは、「方位測定」と呼ばれる方法を用いていいます。統計学でいうところの「基準値を設ける」ことを思い起こさせます。

彼らは、論文「Lateral Reading: Reading Less and Learning More When Evaluating Digital Information（横読みの有効性：デジタル情報の評価における適切な情報の読み取りと解釈）」でこう説明しています。

経験豊かなハイカーなら慣れない森を探検するとき、いかに簡単に道を見失いやすいか知っているはずだ。無謀なハイカーだけが自分の直感を信じて歩き出す。経験豊かなハイカーは、コンパスのベゼルを回転させて方位を計測する。北と目的地の角度を度数法で測定するのだ。言うまでもなく、ウェブ上での方位計測は、度単位の角度の計測ほど正確ではないが、「慣れない土地を移動するときは、まず方位感覚を身につける」という前提は同じである。

ある分野の信頼できる一般的なデータと統計を比較したいと考えるように、**「方位測定」とは、情報に誰が解釈を与えているかを明確に把握する**ということです。スタンフォード大学の研究チームが行った調査では、ファクトチェッカーは、どのウェブサイトがより公平な情報と優れた信用性を備えているかを見分けることにおいて完璧な能力を発揮しました。どのように判断したのでしょうか？　ファクトチェッカーは、いきなり記事を読むのではなく、ウェブサイトからすぐに離れ、その団体を調査しました。ほかの信頼できるサイトで裏づけを確認し、その組織の歴史をつかみました。実際、ウィキペディアはこのような点で近道として価値があります。ウィキペディアの記載内容自体は学術的な著作物の根拠として信頼できませんが、誰でも簡単に有名な組織の概要を知ることができ、脚注で追加の出典を確認できます。

また、ファクトチェッカーは「組織の概要」ページに掲載されている専門家の名前をGoogle検索したり、別の文脈でその人物について読んだりして、詳細に調べました。その結果、どのサイトがより信頼できるかをすぐに判断することができました。

「横読み」を習慣づける

スタンフォード大学の研究者が、ウェブサイトの信頼性を評価するために推奨している方法があります。**「横読み」**と呼ばれるものです。とあるページに引き込まれて、書き手の主張ばかりに気を取られるのではなく、まず書き手や組織について情報を集めることから始めるのです。横読みとは、ウェブサイトがあなたに信頼性の魔法をかける前に、ブラウザのウィンドウをいくつか開いて出典を確認することです。

子どもたちが本やウェブサイトを参照するときはいつでも、問いかけてください。

■ この組織について何かほかに知っていることはある？
■ その専門家は誰？
■ 書き手は、その分野でどのような評判がある人？

インターネットの難しいところに、あるウェブサイトにリンクが張られていれば、そのレポートやデータは誰かが事実関係を吟味したものに違いないと思い込んでしまうことがあります。しかし、そうではないことが多いのです。誰でもウェブサイトを開設し、好きなことを言うことができるのですから。

情報の見分け方9つのポイント

では、何をもって信頼できる、信用できる情報源とするのでしょうか。通常、私たちは次のような基準を満たす文章を求めています。

- 最新のものである（研究の場合）、またはその時代の最新のものである（歴史的証拠として一次資料を使用する場合）
- 検証可能な正確な情報を含む
- そのテーマに関する詳細な情報を提供する
- その分野の専門家が語っている
- バランスの取れた見方を心がけている（抗議や反論への対処を含む）

もっとも信頼できる資料は、あからさまに偏った見方をしないものです。つまり、研究者、統計学者、医師、教授、政府機関、ある分野のスペシャリスト、その分野で長く働いている実務家など、私たちが信頼する専門家が根拠を示しているということです。また、情報がその分野の同職者によって適切に調査されたもの（いわゆる「査読付き」）であれば、それも有用です。

ブロガー、コラムニスト、ライターは、その研究について報告し、独自の意見を述べることはあっても、必ずしもその分野の専門家とはみなされません。私の学生で、ある上院議員の気候変動に関する見解を「専門家の意見」として論文に引用した人がいました。私は、この上院議員は有名な政治家ではあるが、気候変動の専門家でも科学者でもないと指摘しました。この議員の見解は、彼自身が導き出した結論でしたが、気候の研究にキャリアを捧げてきた人物のような信頼性はありません。だからこそ、引用する統計や意見は誰のものかを理解することが重要なのです。

記事やウェブサイトの情報が信頼できるかどうかを判断するとき、私たちは子どもが手がかりや「赤信号」を探す手助けをすることができます。覚えておきたいポイントは次のとおりです。

1 口調と文体

著者が「書く」のではなく「わめき散らす」場合に注意。強い感情的な反応を引き起こすような、扇情的な表現が目につくでしょう。たとえば、「People for the Ethical Treatment of Animals（動物の倫理的扱いを求める人々の会）」のウェブサイトには、次のような見出しがあります。「ＰＥＴＡが、研究所やペットショップにチンチラを供給しているチンチラ工場の秘密を暴く」。この「暴く」と「工場」という言葉に注目してください。いずれも、怒りと懸念の反応を誘引する意図があります。

2 思い込みと一般化

書き手は、思い込んでいる事柄に関して出典を挙げたり研究を信用したりすることなく、多くの意見を述べることがあります。電子タバコが安全だとする理由を語る動画を視聴した10代の子どもたちは、臨床研究への言及がなくても、動画というだけで正当なものと勘違いしてしまうかもしれません。

3 クラウドソーシングによる情報

ネット上の危険には、多くの情報のクラウドソース化もあります。掲示板やソーシャルメディアのコミュニティでは、経験談ばかりが集まります。ウィキペディアのようなウェブページは、トピックの概要や調査のための信頼できる資料を探すには適していますが、専門家の証言という情報源としては信頼性に欠けることを覚えておいてください。

4 意見記事

意見記事は、ジャーナリストや研究者による一つの視点をもった記事のことです。意見記事は、あるテーマに対する賛否両論を示す素晴らしい資料となることがよくあります。

意見記事によって、そのテーマの議論で何が問題になっているのかが明らかになるのです。それが意見記事の最高の使い方の一つです。賛成、反対を訴える強硬な主張を聞くために、必ず複数の視点を採り入れましょう。

意見記事の危険な点は、反対側の主張の価値が軽んじられ、否定されてしまうことです。特に一つの意見記事のみに頼って資料としている場合は問題です。学習において、意見記事を効果的に活用するためには、複数の視点から強硬な主張を慎重に読み解くことが必要です。

5 公開時期

その情報は、最近更新または出版されたものですか? 信頼できる記事には、発行日がわかる情報が含まれています。もし、記事や資料が5~10年以上前のものであれば、その情報が公開以降に更新されているかどうかを確認することが重要です。人口統計であれば国勢調査で10年ごとに更新されます。

6 正確性

提供される情報は事実に基づいていて、可能な限りさまざまな分野の複数の資料に基づき十分に文書化されているでしょうか。資料は、記事中や巻末の出典リストのリンクを通じても提供されているでしょうか。読者は、記事に書かれていることを支持するほかの資料を見つけて、その情報を検証することができるでしょうか。統計やレポートが、ある分野の従来の理解に反している場合、その裏づけを見つけることが重要です。特定の分野（科学、歴史、医学、社会学）の広範な常識に挑戦しようとする団体には、「その挑戦の原動力は何だろう？」と問うてみます。危険信号を判断するときは、書き手があまり一般的でないデータを使って、次のようなことを行っていないかどうかを検討しましょう。

■ 個人的なネガティブな経験を説明する
■ 神学的な立場を示す
■ 特定の政治的思想を支持する
■ 企業の利益を守る
■ パーソナルブランドを立ち上げる

現状への挑戦は、より大きな証明責任を伴います。そのための情報や研究は、さまざまな資料から得なくてはなりません。

7 適用範囲

その記事は、テーマについて十分に詳細な情報を提供しているでしょうか。記事中のすべてが正しく引用されていますか。引用された資料の記載が欠落していませんか。読者が、出典の情報をたどって確認できるようになっているべきです。たとえば、書き手が政府調査を利用している場合、政府のサイトへリンクしているでしょうか。書き手がある研究について述べている場合、読者はその研究にたどり着けるでしょうか。

8 根拠

著者の経歴と連絡先は明記されているでしょうか。著者の記載がない場合、その情報は定評のある組織から発信されているでしょうか。教育機関や政府関連機関の情報は、擁護団体や何かを売りつけようとする商業サイトよりも信頼性が高いです。

9 客観性

情報を提示する際、特にオンラインでは、客観性を保つことが困難です。色やレイアウト、フォントの選択、情報の優先順位づけなどが読者に影響を与えるというのは、ウェブサイトのデザイナーなら誰でも知っていることです。客観的な印象を与えようとする試みすら、人間の読み方や信じる内容はデザインによって影響されうると、暗黙のうちに認めていることになります。さらに、書き手はどのような情報を掲載し、どのような情報を省略するかを決定します。私たちの目的は、その主観性を可能な限り制限する資料を探すことです。

情報に目を向けるときは、次のような問いをもちましょう。この記事、ウェブサイト、ブログ、本の目的は何だろう？　正確なデータを提供することが主な目的なのか？　何かを信じ込ませることが目的なのか？　そのテーマについて公平でバランスの取れた見解を示しているか？　つまり、複数の視点からの考察を認めているか？　その文章は、情報提供以外の目的をもっているか？

資料を評価する技術を習得するには時間がかかります。多くの子どもたちは、大学に入るまでこのスキルを身につけることができないと言ってもいいでしょう。私たち大人も、このスキルに立ち戻る必要があると思います。インターネットは、私たちを少々怠惰にしますが、これらのリサーチスキルを定期的に練習するためのツールやリソースも提供してくれます。「継続は力なり」の心構えでいきましょう。

「出産」を巡る情報を見極める

生まれたことを覚えていなくても、誰もが経験したことのある「出産」について考えてみましょう。出産は、妊娠の成立から、赤ちゃんが子宮の中で成長し、産道を下り、この世に送り出されて初めて呼吸をするまで、生物学的に説明できます。出産には危険が伴います。何世紀もの間、数えきれないほどの母親と赤ちゃんが、感染症や外傷性分娩によって亡くなってきました。前世紀には特に医療介入と帝王切開によって、死産と母体罹病率が大幅に減少しました。出産は自然のプロセスであると同時に、母親と赤ちゃんにとって何らかの危険をはらんでいます。これが事実です。

しかし、出産はこうした事実以上のものです。文化的な物語でもあるのです。出産は痛みを伴い、安全を確保するためには投薬や医療従事者の助けが必要であると説明する語り手もいます。また、鎮痛薬を求めて叫ぶ女性をコミカルに描くホームコメディになりうる物語でもあります。出産は自然のプロセスであり、医療介入ではなく、経験豊かな仲間からのサポートが必要であると強調する語り手もいます。助産師は、鎮痛薬や麻酔薬に頼らない出産を実現するための古くからの慣習を尊重しています。

妊娠中の人が病院で出産するか、自宅で出産するかの判断は、どの語り手がより信頼できるとみなすかによって大きく変わります。病院での出産ではなく、自宅出産を選択する人はどのように判断するのでしょうか？

出産を調べるには、まず基準値を設定します。アメリカでは毎年何人の人が生まれているのか？　どのウェブサイトが信頼できる統計を載せているか？

次に、病院での出産数と自宅での出産数を比較します。それに関連した疑問として、何をもって自宅出産とするかという問いがあります。車中で出産した場合やリビングで予想外に出産した場合も自宅出産とみなされるのでしょうか。

次に、誰が自宅で無事に出産できるかを確認します。病院での出産のほうがいい人はどんな人か？　健康な出産につながる条件とは？　そうでない条件は？

自宅出産を選択するということは、より多くの調査を行い、手に入る少ない情報に対して責任を負うということです。自宅出産に関するデータはより限られています。そこで、「知りたい」と思うことが重要になります。助産師のような医学の主流から外れた専門家や実体験など、さらなる種類の資料から情報を得る必要があるでしょう。

自宅出産を考える人は、病院で出産する人よりも、出産のプロセスやリスク、緊急事態への備えについて、より深く学ばなければなりません。データだけに頼って意見を述べたり、リスクの高い選択をしたりしてはいけません。最終的には、私たちが出産についてどう語るかで、すべての事実情報を理解する方法が決まるのです。

関心をもつというのは、どんな話題でも、単に「いいね！」「NG！」という反応だけでなく、ニュアンスも含めて情報に基づいた判断をするために、理解を深めようと努めることです。価値観は、確かなデータだけでなく、私たちに訴えかけてくる物語によっても形成されます。

教育とは、社員や経営者、専門家や学者、研究者や政治家になる学生たちが、自分自身や将来のキャリア、家族のために、倫理的に正しく質の高い決断ができるように、それらすべてを検証する道筋を提供すべきものなのです。

Lesson

05

しっかりと関心をもつ

どの年齢の子どもも、よく考え、情報を吟味するために、物事に関心をもつ習慣を身につけることができます。その育成をサポートする活動を3つご紹介します。

好奇心がキラキラ5～9歳：良い習慣

小さな子どもには、早い時期から物事に関心をもつ習慣を身につけさせましょう。

- 絵本を読み聞かせるときは、作者とイラストレーターの名前を読む。
- 自分の「方位」を確認する。この本の作者やイラストレーターはほかにどんな本を書いている？　出版社はどこ？　出版社が記載されている箇所に注目。出版年を見る。その作家の本が複数ある場合、書かれた時期順に並べよう。
- 「基準値」を設定する。一冊の本が何ページなのかに注目する。ある本と別の本を比較する。この作者が書いている本のページ数の感覚をつかむ。外れ値はない？　パターンに当てはまらない、短い本や長い本がある？　その理由は何？（ヒント：おそらく本のジャンルが違うのでしょう）

パッと通じる10〜12歳：出典を記す

出典を記すことは、贈り物を受け取ったあとに礼状を送るようなものです。他人の作品を自分の作品と偽っても、作家の信用を高めることにはなりません。むしろ損なってしまいます。しかし、ブログやツイッターの世界では、出典を記すことを忘れがちです。次のアイデアを試して、良い習慣を身につけましょう。

■ 特定のテーマに関する引用を集めておく。各引用の後に、著者名、書名、ページ番号を記入する。

■ 複数の資料（記事、小説、詩、歴史的な記録や文書）から引用文を入力する。2枚目には、著者の名前を入力する。3枚目には、出典（記事、小説、詩、歴史的記録や文書）を入力する。引用文、著者名、出典をそれぞれ細長く切り取る。それをテーブルの上に3つのグループに分けて並べ、マッチング・ゲームをする。どれとどれが合うかな？必要であれば、子どもたちに検索させ、どの引用が誰のものかを確認させる。

- 小説やノンフィクションを書いたつもりになって引用の練習をする。記者なら、記事でどのように引用するだろう？　子どもは、どのように引用してほしいか？　どのような設定の資料で引用されたか？　その引用の書き方について、引用方法を調べる。別のものも試してみよう。

シャープな頭脳の13～18歳：調査結果を集める

10代の子どもたちは、インターネット上でより多くの調査結果を見つけることができます。１つの資料に対して、２つ以上の調査結果を見つけることは可能でしょうか。資料を吟味し、それぞれの基準値を特定することができるでしょうか。目標は、たとえ対立する内容であっても、信頼できる資料を特定することです。

手順

1 論争の的になりそうなテーマを特定する。オンライン検索エンジンに、テーマと

「論争」という単語を入力する。そのテーマの中に論争があることを確認したら、ステップ2に進む。

2 そのテーマに関する記事を3つか4つ探す。複数の視点を表している記事を選ぶ。

3 それぞれについて、横読みする。書き手や組織の信頼性を吟味する。

4 各記事で統計と比較する基準値を1つずつ特定する。

5 以下の内容をまとめた箇条書きリストを作成する。

a　各資料の信頼性

b　主要統計の妥当性

c　各記事のねらい

6 その記事は主張を裏づけていたか？　その理由は？

＊＊＊

小さな子どもや10代の子どもに「関心をもつ」ことを教えられたら、大きな成果だと考えてください。関心は学問的な成長の基礎であり、熟慮された価値観や信念を育む倫理的な枠組みを与えてくれます。とはいえ、調査をする際に平衡バランスを保つのは難しいかもしれません。私たちのアイデンティティや地域社会は、子どもが読み、考え、評価し、推論する方法に影響を及ぼします。

次の章では、生徒がさまざまなテーマについて批判的に考えることを学びながら、ありのままの自分に備わっている有意義な側面を尊重する方法を見ていきます。

第6章

アイデンティティを認識する

私たちがどこに住んでいて、どういう人間で、どのようにこの世界を理解しているかが思考に大きな影響を与えることは、もう明らかです。自己認識的なクリティカル・シンキングとは、自分を自分たらしめている主要な特徴を特定することから始まるのです。

私たちは成長するにつれ、どのようにあるべきか、どのような視点をもつべきか、誰を信頼し、誰を避けるべきか、身のまわりから学びます。

カトリック神学者でもあり、私の母校ザビエル大学の教授でもあるマーカス・メッシャーは、素晴らしい著書『The Ethics of Encounter（出会いの倫理学）』で、このような思考習慣が形成される方法について説明します。

「ハビトゥス」とは社会学者ピエール・ブルデューが、人類共通の認識（すなわち「常識」となるもの）の構造を説明するために用いた言葉だが、模倣は、「ハビトゥス」において行われる性質と行動の学習パターンの一部である。この「ハビトゥス」は、暗黙のルールを調整し、再現する。世界をどのように認識するか、自己と他者についてどのように考えるかをはっきりと指示するものではないが、我々が常識とする学びが体系化した場所だ。たとえば、私が他人に挨拶したり、無視したりするのは、まわりにいる他人の振る舞いを見て行動を決めている、ということである。

存在と思考の習慣は、家族やコミュニティの中で無意識に吸収したアイデンティティから生まれます。**「子どもは親の真似をし、大人は尊敬する人を見習い、信念や価値観は受け継がれる」**

つまり、私たちは、大好きな人たちから学んだ欲求を束ねた存在であり、クセの集合体でもあります。読んだり学んだりした内容をフィルターにかけ、その結果、自分の視点を作り出しています。

ジュリー（カリフォルニア出身で、ＵＣＬＡ卒業生。自宅出産し、ホームスクーリングで５人の子を育てる母親。母語はアラビア語で、離婚歴のあるカトリック系アイルランド人の血を引く白人女性）は、これらすべての影響を受けた融合体であるといえます。私たち一人ひとりが混合物であり、合成された人間なのです。著名なジャーナリストのエズラ・クラインは、著書『Why We're Polarized（米国政治　分極化の背景）』の中で、このことを巧みに表現しています。「私たちは、自分自身の背景によって完全に形成されているといってもいいほどだ。自分が誰で、どこで育ち、誰を信頼し、恐れ、愛し、憎み、尊敬し、見下すようになったのか、その答えは意識的な思考よりも深いところにある。１０００分の１秒ほどでアイデンティティが起動させる一連の精神的プロセスは、たやすく捨て去ることができるものではない」

だからこそ、**自分を「自分」にしているものの特徴に名前をつけることが重要なのです。名前をつければ、私たちは教え、学び、指導し、子どもを育てるときに、そのプロセスが作動していることを認識できるようになります。**同様に、私たちの生徒や子どもたちも、自分たちのアイデンティティを念頭に置いて学習することが大切です。

アイデンティティの自己理解は、その時々の問題や、社会評論家、宗教家、学校教師、政治評論家などの思想と私たちとの関わり方に影響します。私（そしてあなた）という一人の人間が、変化し、適応し、世界の見方や意味づけに関するストーリーを常に作り出しているのです。

そして、そのストーリーと期待を子どもたちに伝え、子どもたちは自分のアイデンティティを形成します。親や教育者は、先祖、地域社会、国民国家（言語・歴史・文化などの同一性を基盤とする独立国家）、宗教（または無宗教）、家系について、自分が責任を負う物語の中で子どもたちに教えます。自己認識力のあるクリティカル・シンカーになるということは、それらすべてのアイデンティティの断片を把握することなのです。

幼少時、アイデンティティとは、私たち一人ひとりにとっての世界の見え方を決めるものです。アイデンティティは、自然なもの、あるいは真実であると感じられます。**健全な教育は子どもの視点を広げ、子どもは自分のアイデンティティを、この多面的な世界のたくさんあるアイデンティティの一つであると考えるようになります。**私たちのアイデンティティは、質問すること、評価すること、本を読むときの感情、情報源を評価すること、あるいはその情報源を否定する理由などに影響を与えます。柔軟で、問題解決的で、共感的で、戦略的な思考を育むには、避けて通れない主要素なのです。

アイデンティティを成長させる方法

アイデンティティが、クリティカル・シンカーの育成とどう関係するのか、知りたいですよね。子どもたち一人ひとりの世界観は、学び方、学ぶ内容、自分自身に関する考えに多大な影響を及ぼします。親や教育者もまた、しっかりと形成された世界観をもち込んで指導にあたっています。その信念の構造を解き明かすことが重要なのです。

ちなみに、「教育における客観性」は学者が語る論理のストーリーで、「バイアス（思い込み）を取り除いて、テーマに関わる方法がある」ということです。しかし、実は、授業に盛り込む内容または排除する内容も、いわゆる客観性に影響を及ぼします。客観的であることは、啓蒙主義の時代から続く崇高な目標ですが、完璧に達成するのは不可能であることを、私たちは何世紀にもわたって学んできました。

世界観の核心に迫り、自己認識のスキルを構築するために、次の質問に挑戦してみてください。子どもの感じ方に焦点が当たりすぎる場合が多いですが、内面ではずっとたくさんのことが起こっています。

- その考えはどうやって思いついたの？
- どうしてそう思うの？
- 誰がそう言っていた？
- それは本当だと思う？
- どうしたらそれが本当だとわかる？
- ほかに考えられる説明はある？
- Xさんは、それについて何て言うと思う？
- これはあなたが信じていること？　それとも信じるべきだと思っていること？
- その視点では誰が得をすると思う？　その視点によって被害を受ける人がいるとすれ

ば、それは誰だろう？

アイデンティティについての考察

クリティカル・シンキングにおけるアイデンティティの役割に関する研究を探していたところ、読み書き能力と言語の専門家で、ベストセラー『Cultivating Genius（天才を育てる：文化的、歴史的に反応するリテラシーのための公平性のフレームワーク）』の著者でもあるゴルディ・ムハマド博士の優れた研究に行き当たりました。ムハマドは、教養ある人間になるための重要な要素として、アイデンティティの研究を推進しています。

ムハマドによれば、アイデンティティには3つの重要な特徴があります。

1 自分は何者か
2 他者から見た自分は何者か（長所も短所も）
3 自分は何者になりたいか

このアイデンティティの3つの側面は、自分自身について考えるためだけでなく、研究対象の人物について考える場合にも重要です。アイデンティティとは、人種や宗教、政治に名前をつける以上のものです。自分に関する「自分は何者か」という意識が、学問的な課題にとって不可欠であると発見することです。

ムハマドが挙げるアイデンティティの3つの側面について、もう少し掘り下げて考えてみましょう。「自分は何者か」とは、本来備わっている自己意識で、自分について「真実だと知っていること」です。つまり、出身地、あなた自身をつくる好きなものと嫌いなもの、人生に対する意味づけ、性格の癖や個人的な欲求です。個人的な認識は、自分自身をどのように見ているかに影響します。「他者から見た自分」の他者とは、所属するコミュニティと、あなたを定義するそれ以外のコミュニティを示します。私たちの最初のコミュニティ・アイデンティティは、自分の家族です。これまで見てきたように、家族は、信仰を共有するコミュニティ、人種・民族集団、近隣地域、政党など、より大きな集団に属しています。

「他者から見た自分」は、自己のとらえ方に驚くほど影響を与えます。**私たちは、自分を認めてくれるコミュニティによって定義されるだけでなく、認めてくれない人々によっても定義されるのです**。頭の中で、他人の声がもっとも大きく聞こえることもあります。

親、親戚、コーチ、信仰の指導者、教師、友人などは、幼少期からその子が目指すべき姿を示唆したり、逆に、達成できることの限界を暗示したりします。私が教えていたある生徒は、母親から大学へ行ってほしくないと言われたそうです。「自分の『身の丈』、つまり自分の育った環境以上のものを目指さないほうがいい」というのがその理由でした。このような制限は、生徒の大志を潰してしまいます。

教科書、ニュースメディア、広告、映画、小説、大衆文化もまた、私たちが何者であるかを教えてくれます。私たちはそれらの人物像を内面化し、それに基づいて自分がどのような人間になるかを判断します。30代、40代になってからようやく、自分の成功のはじが間違った壁、つまり、ほかの誰かが選んでくれた壁に立てかけられていたことに気づく人もいるのです！

それだけではありません。支配的な文化のせいで差別の影響を経験する個人というのは、コミュニティの内外のメンバーから自分のアイデンティティについて複数の人物像を好き勝手に描かれ、それと格闘します。所属する集団の中で連帯や価値観を感じたり、少数派として存在するときの対処法を教えてもらったり、自分のコミュニティをしっかり代表するようにという家族からの圧力を感じたり、大きな文化による不当な評価や偏見の重みに耐えたりすることもあります。アイデンティティは複雑です。

3つ目のカテゴリーである「自分は何者になりたいか」は、また別の魅力的な考え方です。**理想の自分になって「見られ」たいという渇望が、その人のあり方に大きな影響を与えるのです。**たとえば、典型的な成績優秀の生徒は、教科の習得よりもクラスでの順位に興味があるかもしれません。ＹｏｕＴｕｂｅのゲーム実況動画のスターになることが唯一の目標である子どもは、数学が教育に不可欠である理由を決して理解できないかもしれません。

「学生も、おそらく大人も、常に空間や場所に自分自身を探しています」とムハマドは書いています。この探求のため、クリティカル・シンキングでは、教わっている教科におけるアイデンティティの存在と不在の両方の影響を考慮する必要があるのです。私たちは、将来の自分自身を想像することができれば、未来を希求できます。

ニューベリー賞受賞作家のクワミ・アレクサンダーが、自分のような子が小説に登場すればいいのにと子どものころ切望していたと語ったことを思い出します。学校の図書館には、主人公が有色人種の本も、作者が有色人種の本もなかったそうです。しかし、作家であり出版者である両親のもとで育った彼は、黒人の作家による、黒人が主人公の本が家の壁一面に並んでいるのを嬉しく思っていました。今では、黒人の作家として、物語の中に主人公として登場することもできるし、黒人の作家が本を出版して自身の特有の経験を書くこともできるのだと認識することが、自分にとって非常に重要だったと語っています。クワミによれば、「両親は私にとって最初の教師であり、最初の司書だったのです」。**豊かな教育とは、さまざまな立場を代表する教育のことです。**

同じグループ、同じ経験、同じ視点が繰り返し登場する本や教室は、そのグループに共感しない人たちの排除感や疎外感につながります。逆に、規範として繰り返し示されるグループに属している子どもは、自分の世界観が唯一正しいものであると誤解してしまいます。

アイデンティティに気づかせる「出会い」

では、まず子ども個人を見ていきましょう。一人ひとりの人間性に深い敬意を払います。その人格を「見る」こと、「理解する」ことがいかに重要であるかを認識します。目に見えないものに名前をつけるのは難しいものです。自分の家を出て、他人の家に入って初めて、世の中には意味のあるほかの存在方法もあるのだと気づくかもしれません。

私は6歳のとき、中国系アメリカ人の隣人の家を訪ねました。家に入る前には靴を脱ぐように言われました。今でもその家がまぶたに浮かびます。ビニールカバーのかかったソファ、白いカーペット、すっきりと片付けられた空間。それがとても印象的でした。この家族にとって、家をきれいに保つことはとても重要なことだったのです。モロッコに住み、日本にも訪れた20代のとき、私は室内で靴を履くことを不衛生とする場所を新たに2箇所発見しました。

20年かかって、ようやく自分にこう問いかけた瞬間でした。「私の家族はここでは異常なのだろうか？　地球上のほとんどの人は、室内で靴を履くことをあり得ないほど不衛生だと考えているのだろうか？」。視点が変化し、私の体験はもはや優勢のストーリーではなくなりました。

アイデンティティとは、私たちが日々自然に身につけ、当たり前のように受け止める視点のことです。心を育てるには、さまざまな背景をもつ人々と出会うことが不可欠です。ほかのストーリーや体験と比較することで、初めて「自分の」ストーリーを批判的に考える力が養われることが多いのです。

これは、自己認識力のある思考に欠かせない最初のステップです。さあ、実行してみましょう。まずは、子どもたちが自分のストーリーに名前をつけるのを助け、自己認識力のある思考に一歩近づけてあげます（あなたもこのアイデンティティのエクササイズに取り組むことができます）。このあとの章では、ほかの人の経験をどう扱うかについて見ていきます。

自己とは、大小さまざまな栄養素を含んだ堆肥であり、それらがゆっくりと混ざり合ってアイデンティティを形成する土壌をつくっています。洞察力を育む肥沃な庭を思い浮かべてください。洞察力には肥料が必要です。子どもたちが本を読み、情報を吸収するとき、その土壌が豊かであれば、つまり豊かな情報源から吸収できれば、もっとも効果的です。栄養が制限されると、私たちの視点は損なわれます（教科書で歴史を学ぶだけ、紙と鉛筆の行為として数学を学ぶだけ、形式を使って書くことを学ぶだけのようなものです）。

その堆肥を構成する3つの要素（読書、体験、出会い）を見ていきます（第2部参照）。その前に、いわゆる土壌サンプルを採取しておきます。相手は子どもですから、まずは簡単にできる具体的な観察から始めます。結論を出す必要はなく、第4章で説明したように、彼ら自身のアイデンティティの豊かな土壌をじっくりと観察するだけでいいのです。

Lesson

06

「私をつくるもの」

この詩は、5歳から18歳までのすべての年代の子が書くことができます。幼い子どもには、より丁寧にサポートをします。10代の子どもには、文字通りの答えを超えて創作するように、線にとらわれない絵を描くように伝えましょう。

「私をつくるもの」は、書いていて楽しい詩です。構造は簡単です。それぞれの行は「私をつくるもの…」というフレーズで始めます。当然ながら、地理的な位置を入れれば、どこかの場所の「出身」という意味です。しかし、私たちは出身地だけでなく、特定の料理、宗教や無宗教の伝統、音や景色、思い出や休日、痛みや喜びからもできています。

息子のリアム（15歳）が書いた力強い「私をつくるもの」の詩を、例として紹介したいと思います。

私をつくるもの　燃えているクリスマスツリー

私をつくるもの　渦巻く枯葉の記録
私をつくるもの　折り鶴、俳句、カレンダー
私をつくるもの　イースター、パイプの煙、金の卵
私をつくるもの　溶けかけた蜜ろうキャンドル
私をつくるもの　ヴィーガン向けのシナモンロール
私をつくるもの　『レッドウォール伝説』シリーズ
私をつくるもの　イタリアで回し読みした『ハリー・ポッター』
私をつくるもの　静かにしている子どもたちに読み聞かせた『オデュッセイア』
私をつくるもの　『メル・ブルックス／珍説世界史PARTI』と眠っているママ
私をつくるもの　シカゴで読んだ『風の名前』
私をつくるもの　口の達者なケイトリンと、5人きょうだいのうち、唯一完璧な
ジョハンナ
私をつくるもの　無意識に学んだ文法、チョムスキー、ジュリー
私をつくるもの　勇敢な思考と勇敢なライティング
私をつくるもの　存在しない科学とイン・ワン先生の数学
私をつくるもの　ホームスクール、アンスクーリング、高校、大学

手順

1 誰でも、親も教師も、参加できます。

2 ホワイトボードやクリップボードを使って最初の答えを記録します。

3 次ページの質問をして、含めるべき概念をかき回しましょう。

4 これらのリストをもとに、それぞれのフレーズや単語の頭に「私をつくるもの」を追加してください。

5 リストをタイプし、2行の行間をあけます。そして印刷します。

6 文章を細長い帯状に切り取り、一番魅力的な順番に並べ替えます。満足のいく順番が決まったら1枚の紙にホチキスでとめ、パソコン上で再度並べ替え、最終的には印刷します。

7 何度も読み返すうちに、言葉を変えたり、装飾したりしたくなったら、そうしてください。

8 文章を声に出して読み、言葉や文章を聞きながら修正するのもいいでしょう。最終版を手書きするのが好きな子、スケッチで説明するのが好きな子もいます。

質問

■あなたの生い立ち（民族、宗教、文化、国籍など、自分を定義するもの）は？
■住んでいる場所、住んだことのある場所は？
■今まで訪れたことのある場所は？
■好きな食べ物は？
■形容詞を４つ選んで自分のことを説明して。
■形容詞をいくつか選んで自分の家族のことを説明して。
■自分にとって大切な、家族で一緒に過ごす休日や伝統は何？
■どんなコミュニティに所属している？
■どんな習慣がある？　コミュニティからどんな習慣を学んだ？
■大好きな物語、歌、伝説や神話は何？
■人生で記憶に残る経験を２、３挙げて（大会で優勝したなどの幸せな思い出や、手術を受けたなどのつらい思い出など）。シカゴのトラムで１冊の本を見つけ、そこで読んだことなど（リアムの詩に出てきた、パトリック・ロスファス著の『風の名前』のように）。
■今までの人生に結びつく手触り、におい、味、音はどんなものがある？

次のカテゴリーについても考えてみましょう。

■ 自分が思う「私」
■ 他人が思う「私」
■ こうなりたいと願う「私」

＊＊＊

アイデンティティは、クリティカル・シンカーとしてのすべての行動の基礎となります。「私をつくるもの」の詩は、原点に戻るために役立つ肖像画として手元に置いてください。

エズラ・クラインが言うように、「アイデンティティは、私たちのお互いへの接し方を決めるだけではありません。私たちの世界のとらえ方を形作るものでもあります」。子どもたちにとっての語り手、個人の知覚、コミュニティの価値観、学習内容に対する関心度、そして自分が誰であるかをどう理解しているかということが、学んだことを解釈するためのレンズを決めるのです。

第2部

読んで、経験して、出会う

我が家の子どもたちは小さかったころ、動物、特にクマに夢中になりました。クマについての本も読みました。たいていは帽子や服を身に着けた、笑顔のクマです。ベレンスタインというクマの一家では、私たちと同じようなケンカが繰り広げられていました。パディントンというクマはレインコートを着て帽子をかぶり、スーツケースと傘を持って世界中を旅します。

ノンフィクションの本には、本物そっくりのクマが登場します。ホッキョクグマ、ヒグマ、ツキノワグマ、ジャイアントパンダなどの本を読みました。幸いにも、本の中のクマたちが危険を及ぼすことはありませんでした。二次元の紙の上に住んでいて、いつでも本棚に置いておけたからです。そのおかげで、私たちはクマを愛らしい存在として理想化し、子どもたちは眠るときに抱きしめて安心できる小さいテディベアを可愛がりました。

もっと大きな「クマ」を体験させようと、私は子どもたちを動物園に連れていきました。そこでは、本物のクマが檻の中を行ったり来たりしていました。生きているクマは巨大で、カビ臭い毛皮と糞の臭いを発し、爪は鋭く危険な曲線を描き、低くしわがれた声であくびをしたりうなったりしました。突然、私たちがクマについてもっていた知識のすべてが深まりました。安全な距離をとってはいたものの（檻の外側）、クマの恐ろしいほどの大きさと威厳を新たに認識したのです。

家ではクマの映画を観て、動物園にいるクマだけでなく、野生のクマの行動も確認しました。この2つの体験が、私たちと「クマ」の関係をより深いものにしてくれました。

一方で、私の母は、はるかに危険で個人的な経験を通じてクマについて知りました。母は40年来、毎年夏になるとカリフォルニアの山々へバックパックを背負って出かけます。クマとの遭遇から食べ物やテント、そして自分自身を守るための予防策を学びました。しかし、細心の注意を払っても野生のクマに遭遇することはありました。想像してください。用を足したくなって夜中に目覚め、薄っぺらいテントから出て森の中の誰もいない場所を探し、下着をおろして、ふと見上げると、わずか50メートル先に2・4メートルのヒグマの後脚が見えたとしたら……。こんなふうにクマに遭遇してしまったら、じっくり考えている暇はありません。その獰猛性や臭い、予測不可能性、危険な状況に、何も考えられなくなってしまいました。

このクマとの遭遇は、母がフィールドガイドや動物園で理解したつもりになっていたことを、完全に圧倒すると同時に覆しました。野生のクマに遭遇することで、どんな本にも書かれていないメッセージを受け取ることができました。クマの自然の生息地で、侵入者として、本物のクマの予測不可能な動きや本能に自分の命を委ねるとどんな気持ちになるのだろうかというメッセージです。

母は、何度かのクマとの遭遇をすべて生き延びてその体験を一冊の本にまとめ、私の子どもたちが寝る前に読んでくれました。私たちは再び、ページの上にいる二次元のクマをありがたく堪能し、制御下に置くことで、危険に直面しても笑うことができました。そしていつでもクマを本の中に残しておくことができたのです。

学びを深める3つのステップ

もっとも手軽で安全な学習方法は、「読書」です。テーマが何であれ、読むことで情報を素早く、詳細に理解できます。バイオリンについて読みたいなら、バイオリンを制作する方法、演奏する曲、歴代のバイオリニストなど、いろいろなことが学べます。しかし、バイオリンについて読んでも、バイオリンを「知ること」にはなりません。バイオリン向けに書かれた楽譜を読むことは学べても、その演奏を聴くことがなければ、バイオリンの素晴らしさは享受できません。

学習を深めるための次の策は、直接的な「体験」を加えることです。ＹｏｕＴｕｂｅでバイオリンのソロ演奏を聴いたり、バイオリニストが出演するテレビの特集番組を観たりしてもいいでしょう。バイオリン職人を訪ねて、バイオリンが製作される過程を見てみるのもいいでしょう。確かに、こうした体験を通じて、バイオリンがより身近になります。しかし、たとえ私がオーケストラの音楽を熟知していたとしても、バイオリンの演奏はまったく別次元の話。バイオリンを渡されても、どうやって音を出せばいいのか、途方に暮れてしまいます。バイオリンの楽譜を読んだり、聴いたりするだけでは得られない、演奏の芸術性、感覚、技術があるのです。

それが、次の「知る」方法である「出会う」につながります。「バイオリン」に直接的に「出会う」ということは、その楽器にじかに取り組むということです。実際に演奏してみると、バイオリンを聴くのがもっと楽しくなるでしょう。

出会いは転換をもたらします。真の出会い（テーマ、人、楽器、野生のクマなど）は、先入観を覆して、しばしば共感と尊敬を呼び起こし、間近で個人的に知ることになった事柄の謎はさらに深まります。

つまり、学びのステップは、次の3つからなっているのです。

1 本を読む
2 体験する
3 出会う

あるテーマについて読み、その理解に経験を重ね、さらに直接出会うたびに、より多くの微妙な差異や深い知識を発見できます。そうすることで、発見の内容に心地よい驚きや安心感を覚えたり、新しい洞察にびっくりしたり、成長するために挑戦したり、苦悩が軽減されたりするのです。層を重ねるたびに、そのテーマとの関係はより円熟したものになります。テーマを自分の内に取り込みながら学ぶようになるためです。

もちろん、総合的な教養を身につけたいからといって、誰もがバイオリンの名演奏家になったり、あらゆる種類の野生動物に遭遇したりできるわけではありません。しかし、**優れた思想家になるためには、この3つの手段を可能な限り駆使することが重要です。**

このアプローチで得られる意外な副次的効果は、謙虚さです。どんなテーマに関わるにしても、この3つのレベルで考えることによって、自分の理解には限界があるのだと認識できれば、オンラインで飛び交う多くの会話ははるかに生産的になるでしょう。

子どもがクリティカル・シンカーになるよう育てるときには、自分自身の理解の限界を認めることが重要です。あるテーマについて、読んで得た知識しかないのであれば、どんなに説得力があったとしても専門家とは言えません。豊富な情報をもっているかもしれませんが、ただそれだけなのです。

住んだこともない国のことをどれだけ知ることができるでしょうか。たとえば、科学的な分野で、専門家が結論を導き出すためのツールで訓練を受けていないのに、どれだけ巧みに理論を評価できるでしょうか。ほかの宗教について、その宗教の信者であったことも、信者と親しくなったこともないのに、どの程度語ることができるでしょうか。とある意見によってマイナスの影響を受ける人々と一緒に過ごしたことがなければ、その意見への反論をどれだけ強く主張できるでしょうか。

読書、体験、出会いの3つの方法が、どのようにクリティカル・シンカーを育てるのか、深く掘り下げてみましょう。そう、あなたは読書を通じて学ぼうとしています。ただし、ここでご紹介する洞察のメリットを実感したいなら、その道中でぜひレッスンも実行してください。体験と出会いを通じて、あなた自身の学びが深まるはずです。

第7章

じっくりと自分の体験として読む

私が幼いころ、母の決めた寝る前の約束事がありました。ベッドで本を読んでいるなら、好きなだけ夜更かししてもいいというものです。夜8時半に母におやすみのキスをされても、起きていたいなら明かりをつけたまま夜中まで本を読むことができました。夜中の2時にふと目が覚めて、開いた本を胸に抱えたまま眠っていたと気づくことが、何度もありました。そういうときはページの間にしおりを挟み、明かりを消して再び眠りにつきました。

私は、明るい照明の下、布団とふかふかの枕に包まれ、室温が一年じゅう21度に保たれている、快適な自分のベッドで読書をすることが大好きになりました。

良い教育の核心は本の中に存在すると、繰り返し言われています。でも、本さえ読めれば、私たちは生き生きとした知性を身につけ、情報通になる道を歩んでいることになるのでしょうか。

この章では、その嘘を暴きたいと思います。皆さんも事実を知りたいはずです。

読書は強力ですが、安心感もあります。私の「読書好き」な人生の背景はおわかりいただけたでしょうか。暖かい布団の中で、寒さをみじんも感じることなく、雪深いアルプスの山々を描いた本を読むことができました。20世紀カリフォルニア郊外の家の寝室という安全な環境で、ホロコーストの時代にドイツからデンマークに逃れたユダヤ人の物語を読むこともできました。読書は、身体的にも（たまに紙で手を切ったりしなければ）、精神的にもリスクが低いのです。もちろん、感情的に生々しく、破壊的で、政治的な本もあります。深く感動する本もたくさんあります。**ただ、「読み続ける」かどうかは、読者が決めること。内容に対してどのような評価を下すか、どのような視点に立つかを決めるのは読者です。**読者は、書き手やテーマと自分との間に距離を置くこともできるし、書き手やテーマを招き入れ、そのメッセージを受け取ることもできるのです。

たとえば、本を読むとき、賛成できない内容を区分けして自分が支持する内容を重要視することができます。統計を読み飛ばすこともできます（ちなみに私は「よく」やります。数字はなかなか頭に残らないし、その範囲を想像するのも難しいのです）。しかし、読み飛ばしからは、良い質問が生じます。書き手が統計を使って論証するとき、この統計を読み飛ばすと、最終的にはどれほどの影響があるのでしょうか。私は要点を見落とし、納得できずに読み終えるでしょうか。

著者の目的や意図がどうであれ、私たちは自分の性格や好み、現在の状況や必要性を反映させながら本を読みます。

よくできた主張を無視することもできるし、気に入った主張にはしっかり向き合うこともできます。真面目に読んだり、懐疑的に読んだりすることができます。自分がそうしているとは思えないって？　お好みのソーシャルメディアを開いてみてください。自分の政治観に協調する人たちの意見をどう読みますか？　賛同しない人の意見はどうでしょうか？　双方の言い分と「事実」を同等に信頼しますか？　その理由は？　私が言いたいのは、**読書は完全に私たちのコントロール下にあり、研究者がどれだけ査読された研究やデータを提供していても、何を吸収し、何を真実として採用するかは私たち次第であるということです。**

読書は、私たちにあらゆる情報を（安全な距離を保ちつつ）探索させてくれます。たとえば、歴史小説を通してインドまで旅し、パキスタンとの分離独立の時代について学びながら、主人公の恋愛を応援することができます。子どもたちは、ローマ帝国のおよそ500年の歴史について200ページのコミック本で読むことができます。友人が、大量虐殺の犠牲となっているミャンマーのイスラム系民族ロヒンギャに関する『ニューヨーク・タイムズ』紙の記事を送ってきたとしても、それをどう評価するか、つまり、目を通すか、読むか、保存するかは、あなたが決めるのです。アジアに足を運んだり、人権活動家支援のために寄付したりすることもないまま、彼らの窮状の改善に情熱を傾け、その苦しみを軽減するために十分な支援をしていない組織を批判することもできます。私たちは、複雑な力学をじかに体験し、完全に理解することなく、読んだ内容をもとに意見を主張します。

読書によって、私たちはさまざまな情報を消費しますが、その際こちらから何か行動を起こす必要はありません。最悪の場合、読書によって、自分自身はまったく危険にさらされていないにもかかわらず、強い意見をもつ権利があると博識をうぬぼれることができるのです。

ツイッターでリアルタイムに果てしなく発信されていく意見の断片、何年も思い出すことすらなかった人が更新すると俄然気になるフェイスブックの近況報告、Instagram の写真に付けられたキャプション、自分が「いいね！」と感じて選んだウェブサイトのニュースや意見記事、一見しただけでは有用な要約と避けられない誤情報の区別がつかず絶え間なく変わっていくウィキペディアのページなど、今日、多くの人がオンラインに書かれたものを読んでいます。私は、1年以内に書かれた文章を読みたいので、投稿日をチェックしながらブログ記事を読みます。1、2年以上前のコンテンツにはどうしても抵抗を感じます。情報過多は現実の状況であり、5年前の記事はすでに時代遅れに感じられるからです。一方、テクノロジー業界は、ユーザーが惹かれやすい内容やソーシャルメディアの滞在時間が長くなるような内容の分析に基づき、私たちの注意を引きつけるアルゴリズムを設計しています。

子どもは大人ほど、自分が読んだものを評価する能力を身につけてはいません。ソクラテスはずっと昔、たいていの人が字を読めるようになる前、印刷機やインターネットが普及するよりはるか以前に言いました。「吟味されない人生は生きるに値しない」。私はソクラテスの不朽の名言をもじってこう主張します。「吟味されない人生なら、本を読んだり、インターネットを使ったりするべきではない」。吟味された人生においてこそ、批判的に読むことができます。より意識的に、健全な懐疑心をもって、読んだものによって変化することを受け入れながら、読むことができるのです。「吟味」とは、**理解または識別する能力であり、何が有用で何がくだらないかを見分ける能力であり、さらに言えば、「どれがどれだかわからない」と正直に言える能力のことです。それがクリティカル・シンキングの本質です。**

批判的な意識をもって読書をすれば、主体性を得ることができます。つまり、情報を得ることを選択し、全体像を把握して、意見を形成できるようになる可能性があります。ものを考える人が必要とする栄養において、情報と情報源の大半を占めているのが読書です。読書は、その幅広さと限界の両方において重要です。読書に取り込みたいのは、好奇心、広大な想像力、知りたいという欲求です。読み書きとは、単に文章を解読し、思想を書き写すことではなく、自己と他者にとって重要な力をもつことなのです。

読解力（リテラシー）の発達プロセス

たった今、あなたは文章を読んでいます。目を使って本や画面を読むとき、あなたは識字の専門家が「デコーディング」と呼ぶ作業を行っています。ある単語が発音されると、その単語が示す可能性のある意味や、新しくなじみのない文脈での役割が、読み手の頭の中を駆け巡ります。文字を読み慣れていない子どもは、発音に苦労するあまり、口の中で単語が形成されるころには、脳がその意味を理解するためのエネルギーや作業メモリーが残っていないことがあります。この場合、物語に関する質問に答えることはできません。言葉を解読するだけで精一杯なのです。

自己鍛錬して言語の解読方法を学び、必要な速度と精度を実現できれば、次のレベルです。つまり、複数の文章全体の意味を理解できるようになります。このレベルの読解力とは、読んだ後に情報を別の言葉で言い換えることができる能力のことです。

その次のレベルの読解力はさらに高度です。読者は文章を理解するために、言葉の知識と（経験を含む）世界の知識の両方を呼び起こさなければなりません。その意味で、読者は進行中の会話に参加しています。言葉と思想の世界の両方を解読することができるのです。

イメージや記号を読解する

読解力とは、もっと広い意味で理解することもできます。たとえば、視覚的な読解力には、イメージや記号が含まれます。新生児にとって、「緑の手術着を着たあの人」と「ベッドでぼくを抱っこしているこの人」はどう違うのでしょうか。私たちには、一方は看護師で、もう一方は新米ママだということがわかります。赤ちゃんは生まれた瞬間から、視覚を通じて世界を解釈し、人々の中での生活に関する理解を助ける記号やシグナルを学ばなくてはなりません。

トレド美術館のブライアン・ケネディ館長は言います。「視覚的な読解力とは、イメージから意味を構築する能力です。スキルではありません。スキルを道具箱として使うのです。読解力とは、知的能力を高めるクリティカル・シンキングの一形態です」

イメージや記号を解読すること「こそ」が、クリティカル・シンキングのスキルを読書に応用することなのです。今日、私たちは「リテラシー」という言葉を、基本的な知識を必要とする幅広い領域を指す言葉としても使っています。たとえば、「コンピューター・リテラシー」「数学リテラシー」「職場リテラシー」などです。このように言葉を組み合わせると、文字の解読、音、基本的な意味にとどまらず、読解力の定義を拡大することができます。より大きな思考力やより広い文脈を指しているのです。

リテラシーとは、特定の領域の語彙、記号、実践を自在に操る能力のことです。

私が大人になってから経験した、記号リテラシーに関するエピソードを紹介します。この出来事は、私にリテラシーがあること、そしてないことを思い出させてくれました。

数十年前、シンガポール航空で日本へ行ったときのことです。私は飛行機の後方にある狭いトイレに向かいました。アコーディオン式のドアを押し開け、ズボンを下げ、腰を下ろす途中で、トイレの使い方を説明する2つのイメージ図に気がついたのです。

最初は驚きました。トイレの使い方を知らない人でもいるっていうの？　一方は、便座に両足を乗せてしゃがんでいる人を示していました。この図には赤いX印がついています。もう一方は、便座に座って両足を地面につけている人を示していました。X印はついていません。私はこの2つのイメージ図を左から右へ読みました。

イメージ・リテラシーの一つに、イラストを読み解く力があります。この2つは写真ではなく、手描きの人体イラストのようなものでした。イメージの読解力のある人は、二次元の形が現実の物や人を表していると認識します。

私は、この絵がトイレと人間を表していることを簡単に理解しました。現実の物や人を表す図形は見慣れているのです。しかし、そのような能力は学ぶ必要があり、自動的に身につくものではありません。たとえば、テーマ性のあるレストランのトイレでは、オーナーがおしゃれな空間づくりにこだわるあまり、帽子で男女を表現していることがあります。ウエスタンハットのリテラシーが低いと、どちらのトイレが「カウガール」用のトイレで、どちらが「カウボーイ」用のトイレなのかわかりません。私が言いたいのはそういうことです。

前出の飛行機のトイレでのイメージ・リテラシーのもう一つの特徴は、1つ目のイメージ図にある大きな赤いXを解釈する能力でした。私は、Xが「これはダメだ」「これは禁止」という意味だと知っていました。そこで、ふと考えました。「もし、タイやインドなど、異なる表記方法を使う国の人がこれを見たらどう思うだろう？　タイ語やヒンディー語を読む人も、ローマ字のXを『禁止』の意味で使うのだろうか？」。私は、赤色が「これをしてはいけません」という意味だと思っていました。もう一度考えました。「みんなそう思っているのだろうか？　赤は世界共通の禁止を示す色なのだろうか？」。もしかしたら、「止まれ」の標識によって、世界共通の認識となったのかもしれません。本当は、青や緑の「止まれ」の標識があってもおかしくないのです。しかし、ある時点で集合体としての「私たち」は、赤という色と「止まれ」という意味を結びつけました。これが知っておく必要のあるカラー・リテラシーです。

そして、イメージ・リテラシーの第三の側面は、意味を解釈する能力です。最初の図は禁止されている姿勢で、2つ目の図は正しい姿勢を示していました。私は自問しました。こんなに簡単な使用説明図を「誰が」必要とするっていうの？　世界には「洋式トイレ」の使い方がわからない人たちがいることを、このとき初めて知りました。違う方法で用を足す人もいるのです。その図は、言葉を使わず説明するものでした。私が困惑してしまったのは、記号を理解していて、それまでずっと洋式トイレを使ってきたからでした。

数時間後、飛行機は日本に着陸しました。成田国際空港では、いまだにどう解釈していいかわからないハイテクトイレを体験しました。トイレの個室は、床から天井までのドアがついた小さな部屋でした。この最新式のトイレは白く輝き、その横には解読できない日本語の文字が書かれた多数のボタンが並んでいました。壁にも便器にもボタンがありましたが、水を流すためのツマミやハンドルは見当たりません。座ればいいことは分かったものの便座がないことに驚きました。水を流す方法もわかりません。

ボタンの数に圧倒され、押せないでいるうちに数分が経ち、危険を冒してボタンを押さなければ、その機能を知ることはできないと気づきました。その後、何も考えずにボタンを押したところ、お尻に水がかかり、驚いて笑っているうちに5分が過ぎました。あるボタンを押すと、ウィーンという大きな音がして、便座が降りてきました。用を足す前に、このボタンを押すことができていればよかったのですが。別のボタンを押すと、水洗音はするのに水は出ませんでした。のちに学んだのは、日本人が慎み深い民族だということです。公共の場では、排尿の音を隠すために水を2回流すそうです。この水洗音は、節水を実現すると同時に、排尿の音を隠したい日本人が使えるように公衆トイレに付けられたものでした。

その後、適当にボタンを数回押したら、あっけなく水が流れてびっくり！　私は大笑いしてしまいました。いまだに日本式トイレを使いこなせないのは確かです。とはいえ、ボタンを押すということはわかりました。ボタンは押すものだということは幼いころに学んだからです。この日、私を救ってくれたリテラシーです。

飛行機の中で自信満々にトイレを使っていた私は、東京で王座ならぬ便座から引きずり下ろされたわけです！　今、この2つのトイレ体験を思い返すと、人、標識、言語、表情、機械、交通、視点などをあらゆる状況で巧みに「読み取る」ことと、私たちの自信の有無は大いに関係していると感じます。文化のストレスとは、新しい環境で読むときに、新しい文化、言語、食事の手順、通貨、型どおりの様式、場所などを、「声に出して」解釈することによる疲労に過ぎないのかもしれません。

子どもはクタクタになっているはずです。３６５日、朝から晩まで、学校での授業に加えて数多くの分野のリテラシーを身につけなければならないのですから。子どもは成長するにつれて、親の表情、声、身振り、イントネーションを読み、解釈することを学びます。いつならリラックスしてよくて、いつならさっさと宿題をしたほうがいいか、ということです。では、学習障害をもつ子どもの視点から想像してみてください。非常に大きな課題を抱えているはずです。

表情、行動、社会的な合図、声のトーンなどを読み取ることは、私たちが互いにうまくやっていくために、人生の非常に早い段階から築いてきたリテラシーです。幼児は、あなたの切羽詰まっている様子や要求がいつもわかるわけではありません。言葉だけでなく、声のトーンもコミュニケーションであることを理解できるようになるには時間がかかります。次回、子どもがあなたの苛立ちに反応し損なったら、自分に問いかけてみてください。「私のイライラした声のトーンを、この子はどのくらい理解できるのだろう？」もしかしたら、「こら！　言うことを聞いて、坊や！」が解釈できるようになるまでに、特訓コースが必要かもしれません。同様に、ティーンエイジャーが親からのメールを誤解すること、そしてその逆も頻繁にあるはずです。若い世代は、メールのおかげで、文章で声のトーンを表現する方法に革命を起こしました。また別のリテラシーを習得しなければならないというわけです！

つまり、私たちはますます記号に依存する世界で活動するために、あらゆる種類の言語とイメージを解読する必要があります。「リテラシー」という言葉は、文章を読むための文字の解読を意味することが多いのですが、ここでは、増え続けるイメージを解読して、それらの記号の意味を示す語彙を構築することも含めて、この言葉を広義に使っています。運転するとき、私たちは交通標識や信号、道路の塗装ラインを解読します。車のダッシュボードにあるメーターも読み取ります。ある車種に乗った経験があれば、別の車種に乗るたびに、より的確な推測ができるようになります。家具の組み立て説明書や衣類の洗濯方法も解読しなければなりません。テーブルを組み立て、「ドライクリーニングのみ可」のブラウスを台無しにしないためです。

あなたやお子さんは、毎日、ほかにどんな「リテラシーと語彙」を使っていますか？

- スマートフォンで生活を管理する
- コンピュータープログラミング
- オンライン検索
- リモコンの使用とDVR（デジタルビデオレコーダー）への番組録画
- 複数のデバイスでストリーミングサービスを利用するための操作
- 食器洗浄機などの機械の操作

- レシピを読んで料理を作る
- カードゲーム、ボードゲーム、オンラインゲームをする
- レゴのセットやイケアの家具を説明書通りに組み立てる
- メールの顔文字を解釈する
- アナログ時計で時間を確認する
- 外国で空港を利用する
- ミシンで縫う、見本通りに作る
- スポーツ観戦でスコアボードを読む
- ユニフォームから職業を推測する
- 領収書やチケットの半券を理解する
- 投資口座の財務グラフを読み解く

私はこれらを「身近なリテラシーと語彙」と考えています。私たちはこれらを幅広く身につけて自分の環境やあらゆるものを読み解くことを学びます。子どもたちは、情報のパターンを追う方法を学ぶたびに、別の「読む」スキルを習得し、それにクリティカル・シンキングの力を適用しているのです。現代のテクノロジー環境では、習得すべきリテラ

シーと語彙の数が指数関数的に激増しています。同一性を求めるグローバル化した推進力は、言語の翻訳を必要としない記号を発展させるのに最適な環境を作り出しました。子どもたちは、よどみなくテクノロジーを使いこなすデジタルネイティブです。私と同世代の人間は、技術的なトラブルが発生すると、近くのティーンエイジャーを呼んで助けてもらいます。

育児では、子どもが自分の世界を解釈するために必要となるさまざまなリテラシーと語彙に注目し、それらを大切にすることが有益です。一日中、解読と解釈の両方を行うのは大変なことです。成功するたびに、彼らはより優れた読解と解釈のためのデータを追加します。実は、これらのリテラシーと語彙は、土地との結びつき、宗教的・非宗教的な経歴、人生における経験と深くつながっています。「読む」内容に与える解釈が、アイデンティティと世界観をつくります。自らの立ち位置から世界をどのように見ているかを伝える、まったく異なる背景をもった誰かを受け入れるには、意図的な努力が必要です。私たちは皆、常に解釈をしていますし、すべてのテーマの領域で同じレベルのスキルをもっているわけではありません。また、同じ情報を同じように解釈しているわけでもありません。同じ言葉や同じ記号が、まったく違う意味をもつこともあるのです。「ルーティッド・

イン・ランゲージ（Rooted in Language）」の創設者で言語病理学者のリタ・セヴァスコは、「深いリテラシーはメタ認知的です」と説明します。「私たちは複数の解釈が共存しうることを認識し、評価できます」。実際、私たちが注意深く作り上げた同一性の中に、豊かで活気に満ちた種々の経験が存在し、さまざまな解釈をもたらしていることを認識するには謙虚さが必要です。私たちは、この多様性を判断するのではなく、賞賛するべきです。

私たちの身近なリテラシーと語彙が、クリティカル・シンキングの土台となります。たとえば、専門用語に対する思い込みが、書き手のメッセージを理解する妨げになることがあります。教育の目標の一つは、生徒が各教科の領域固有の語彙を学び、大学入学までに文学、政府の仕組み、証明の仕方、細胞の構造などについての実用的な知識を身につけることです。読んで学んだことを解釈するために必要な背景情報を学ぶ時間が十分あれば、生徒はその領域の素晴らしい会話にアクセスすることができます。最終的には、理解力は背景知識、言語的概念、そして基礎となる口頭言語能力と結びついています。

法律、歴史的背景、書き手の世界観を構成する宗教的教義などの基礎知識を身につけないまま読書を課されても、ひらがなで指示が記載されたボタンのある日本のトイレに座っていた私のように、混乱するだけです。しっかり読めるようになるには、時間と努力が必要です。また、焦点が当たるテーマによって、読む能力も大きく異なります。わからないことを理解しようとする好奇心をもち、時間をかけて語彙を増やしていくことで、子どもはより巧みに頭を使って考えることができるようになるのです。子どもたちのじっくりと注意深く読む力を育むために、私は読書をクリティカル・シンキングのより強力なツールに変える一連のアクティビティを考案しました。それぞれのアクティビティは、どの年代のどの家族にも（親や教師も含めて）応用できますし、さまざまな活動で構成されています。一度に複数に取り組むことも可能です。

Lesson
07

身近なリテラシーと語彙

最初のアクティビティは、身近なリテラシーを大切にすることです。幼い子どもや10代の子どもたちがすでに「暗号解読者」であることがわかるでしょう。世界は、解読されるのを待っている秘密のメッセージであふれていることを教えます。私たちの役目は、道具一式を揃えたスパイのように、送り主の意図するメッセージを特定することです。

これらのアクティビティは、まだ字の読めない幼児から10代の子どもまで、発達段階に沿って構成されています。

好奇心がキラキラ5~9歳：読書前のリテラシー

「読む」という活動を支えるリテラシーに注目します。現時点で子どもは、すでに自分が「どれほど読書をしている」のか気づいていません！

これらの活動の中には、読書が苦手な子どもにとってはハードルが高いものもあります。何度やってみてもうまくいかない場合は、専門家のサポートを受けることも有益です。

- ページをめくる。
- 本を裏返してみる。
- 絵を指して、その名前を言う。
- ページ内のアイテムを数える。
- 「あいうえお」を言う（五十音順に言う）。
- 文字を発音する（ひらがな、カタカナの順に見て、音を言う）。
- フォントの違いに気づく（明朝体、ゴシック体、行書体、楷書体など）。
- 単語をあいうえお順に並べる。
- アイテムをあいうえお順に並べる（難易度アップ）。
- 色の名前を言う。
- 句読点を確認する。
- 数字を読む。
- 数学記号（+、−、=、×、≠、÷）を特定する。

好奇心がキラキラ5～9歳：読書での視覚的リテラシー

視覚的リテラシーに困難を感じる子どももいます。特に自閉症の子どもです。ゆっくり待ってあげましょう。これはテストではなく、やってみる練習です。これらのアクティビティは、解釈をサポートするメタ認知のタスク達成を助けます。

- イメージを見分ける：顔、動物、植物、機械、建物など。
- 顔の表情と感情を結びつける。
- 写真とイラストの違いを理解する。
- レゴブロック、事務用品、おもちゃのようなアイテムのコレクションを色別に分類する。
- 後ろ、上、横から見た、物・人・動物を認識し、名前を言う。
- 視覚的な手がかりから、天気や季節を特定する。
- 建物や場所を認識する（郵便局、学校、アパート、食料品店、教会、ジム、家、公園、ビーチ）。

これは笑い話ですが、長男が4歳のとき、学校の体育館で行われる礼拝に参加しました。ある日、車で別の地域を走っていると、窓の外に見える学校を指さして、息子が「ママ、見て。教会だよ！」と言ったのです。個人的な体験が私たちの知覚を形成し、それが世界の解釈の仕方を形成するという素晴らしい例です。

パッと通じる10～12歳：記号を集めて自分だけの辞書を作ろう

■ １週間シンボルを集める。交通標識、スーパーマーケットのロゴ、リモコンのボタン、オンラインゲームのアイコン、トレーディングカードゲームのマーク、電化製品のボタンなど。

■ 子ども自身の言葉で定義しながら辞書をつくる。スマートフォンで記号を撮影し、プリントアウトして、小さな辞書に追加する。

■ 子どもが意味を読み取ることができたら、褒める。どのように記号を解釈できたのか、話し合う。すぐには理解できない記号に注意する。その理由を話し合う。もっと良い記号を提案させる。

パッと通じる10～12歳：
我が家ならではのシンボル語彙集を作ろう

- 日常的な活動を表す記号をつくる。
- 記号それぞれのカードをつくる。
- その記号を選んだ理由を話し合う。掃除機をかける、料理をする、歯を磨く、ピアノを弾く、インターネットを使うなど。
- 言葉ではなくカードを使って、1日コミュニケーションをとる。

パッと通じる10～12歳：声のトーン読み取り練習

次のシリーズでは、大人と子どもが交代で話し手と通訳になります。

- 文章をつくる：「行きたくない」をできるだけ多くのイントネーションで、意味を切り替えながら言ってみる。意味を推測する。
- 皮肉、イライラ、熱意、心配、恐怖、怒りなどを伝える。ある口調が特定のストーリーを伝え、それとは違う口調が別のストーリーを伝える理由を話す。

■ 分析する：声量は変わった？　口調で声の音域が上がったり下がったりした？　誇張される単語はある？　別の単語を誇張した場合、口調の意味が変わる？　実験してみよう。

シャープな頭脳の13〜18歳：ほかの書記体系の正書法を試す

この実験のねらいは、言語がさまざまな方法で転写されていて、「正しい」方法は存在しないのだと認識することです（普遍的な慣習の中にある多様性を認識するためのささやかな練習です）。

■ Google翻訳を使って、日本語のフレーズを中国語など、日本語と同じ漢字を使う別の言語に翻訳する。子どもと一緒に、それを手書きで写す。日本語の文章を書き写すときと比べて、中国語の文章を書き写すときに、注意の度合いに違いが出るか、子どもたちに聞いてみる。

■ ロシア語やヒンディー語など、別の文字で試す。同じフレーズを韓国語に翻訳する。

どのくらい難しくなったか？　ヒンディー語の文字やハングルを手書きで書く方法について、私たちが知らないことは何か？　子どもたちはどんな方法を使ったか？　どれが役に立って、どれが役に立たなかったか？

- これらの言語の書き方について、YouTubeの動画を見て比較する。
- 日本語を右から左へ、または上から下へ書いてみる。どのように見えるか？　どちらが読みにくいか？
- 読んだ内容を理解する上で、何か変化はあるか？　目立って見える単語はあるか？　概念の重要性は変化したか？

シャープな頭脳の13～18歳：野生生物の名前を挙げよう

植物学者のロビン・ウォール・キマラーは、子どもたちが識別できるのは、企業のロゴなら100個までで、植物なら5個に満たないと指摘しています。数を増やしましょう！

- 野生生物観察ガイドブックを持って出かけよう！　ドアの外に広がる世界の名前を確認する。

- さまざまな種類の樹皮、苔、鳥、花を見分けられるようになる。
- これらの違いを自分のノートに記録しておく。プロからのアドバイス：写真を撮り、ガイドブックから情報を写す。
- 子どもが自ら目標を定める：カテゴリー別に何種類の生物を覚えられるか。

シャープな頭脳の13～18歳：分野固有の語彙を集める

とことん単語オタクになりましょう。屋内ロッククライミング、マクラメ編み、ヒップホップ、飛行物理学、コンピュータープログラミングなど、関連する用語をすべてリストアップしてください。STEAM（科学、技術、工学、芸術、数学）のテーマに挑戦してみましょう。

- 教科や興味のあることを選ぶ。1週間、用語を集める。思いついたらホワイトボードに書き留める。
- カテゴリー別に分類する。アイテム、アクティビティを行うための動詞、機器、場所、有名人、技能、俗語、記述用語など。

■ 分野特有の用語に注目する（ロッククライミングの一種の「ボルダリング」など）。ほかのアクティビティで使われるときに意味が増える用語に注目する（「ハーネス」は、ロッククライミング以外にも異なる分野で使われる）。

■ オンラインで検索する。トピックと「語彙」という単語を入力して、そのトピックに合うほかの用語がどれだけあるか確認する。

どの分野でも、語彙と背景知識が豊富な子どもほど、優れた読書家になります。語彙が豊富で、記号や言語を正確に読み取ることができれば、意見を述べる際に微妙な意味の差異を表すことができます。子どもと一緒にあるテーマについて読むときは、読む前に関連する語彙の予習をして、子どもがしっかり考えられるように準備しましょう。10代の子の場合は、趣味の分野固有の語彙を探求できたら、社会問題でも同様の取り組みを行ってみましょう。

Lesson 08 バラエティ豊かな本のコレクション

この章の冒頭で、読書は私たちがコントロールできるものだと説明しました。私たちは、読んだものから多くのことを学び、影響を受けることを選択することもできれば、著者のメッセージをなんのためらいもなく一蹴してしまうこともできます。

読書をコントロールする方法の一つは、読む本を自分の好きなものか、自分の考え方に合ったものに限定することです。たとえば、歴史小説が大好きな人なら、物語から史実を抜き出す習慣はないかもしれません。歴史小説は、物語のために史料を自由に扱いますが、それはフィクションだからいいのです。しかし、小説からしか歴史を学ばないとなると、事実を見誤る可能性があります。

同様に、ある時代の歴史を知るために伝記を読むことに慣れていると、一人の「有名人」の声（歴史上の人物、有名な政治家）に慣れすぎてしまい、その人物の政策が一般市民に与えた影響や、その指導者の立法行為や軍事的選択の犠牲になった人物を見逃してしまうかもしれません。当然、現存する文章が少ないので、庶民の視点を見つけるのは困難です。

では、資料が少ない中で、どのように知識を広げていけばいいのでしょうか。中学1年生にもなれば、ジャンルを超えて読み、さらなる洞察力を得ることができます。たとえば歴史の分野では、ある時代を理解するために、手紙、法律文書などの一次資料から、より幅広い情報を得るということです。宗教書、日記、小説など、ほかの分野にも目を向けることもできます。歴史的評論、報道、専門家の論文、当時の広告、考古学的記録、詩、歌の歌詞、芸術作品なども同様に、橋渡しの役割を果たします。

一つの分野の一人の書き手の文章を一度読んだだけでは、どんな問題も総合的に理解することはできません。実は、これがインターネット時代の問題点です。私たちはすぐに答えを求めて、ニュースサイトやブログ、ソーシャルメディア上の個人の証言、ウィキペディア、YouTubeなど、同じ種類の情報源に何度も繰り返し頼ってしまいます。しかし、よく考えて、多様なスタイルで書かれた同じ知識を探求すれば、全体像を把握することができます。

たとえば、ある出来事について政府の記録を読んだ後、ジャーナリストのレポートを読み、その後、いくつかの一人称の証言を読むと、同じ視点からの記事を次々と読むよりも、政治的帰結について現実的に理解できる可能性がずっと高くなります。詩、物語、歌なども、歴史的な出来事を総合的に理解するのに役立ちます。昔話やキャンプで歌う歌は、アメリカの西部開拓を民俗学的に表現したものです。こうした文学作品を抜きにして、ただ鉄道建設について読むだけでは、歴史に対する印象は浅くなりがちです。情報源と様式を横断して没入することができたら、どんなに豊かな気持ちになるでしょう。それが幅広く読むことがもたらす、真の喜びです。

もっと現代的な例について考えてみましょう。21世紀にアメリカ西部で発生した歴史的な山火事について知る方法は、どのようなものがあるでしょうか。ツイートを一日中スクロールして読むこともできます。１つのメディアチャンネル、１つのオンラインニュースソースに限定することもできます。親類縁者からのメールで個人の記録を読むこともできます。

しかし、目的は、事実の詳細（火災がどのように発生したか、どこが燃えているか、消防の反応はどうか、家を失ったらどこに行けばいいか、危機に対して政府は何をしているか）と逸話記事（火災が個人に与えている影響、消防士の生の声、被災者をケアする病院の職員によるトラウマの記述など）の両方を含む、さまざまな視点の情報を取り入れることです。複数の情報源から事実の詳細を読み取るとともに、さまざまな個人の体験談を読むことで、山火事の影響の全体像を把握することができます。

子どもたちには、「もっと」多くの情報が必要だということを知ってほしい、情報を我慢強く探し、分析に取り入れる方法を教えたいと願っています。私が指導している子ども向けのライティング・プロジェクトでは、「サメ」など一つのトピックに焦点を当てた「ミニブック」を作成することがあります。その際、豊かな描写を行うために、さまざまな情報源から情報を集めるよう提案します。サメに関する事実、ジョーク、詩、専門家のコメント、ことわざ、科学的情報、個人的な経験などです。イラスト、地図、写真を含めれば、さらに深みが増します。このようなライティング・プロジェクトでは、学ぶテーマについて詳しくなりたかったら、さまざまな情報を探す必要があると教えています。

次のアクティビティは、このスキルを伸ばすのに役立ちます。私たちは読書において、「バラエティ豊かな本のコレクション」を作りたいと考えています。**多様性は（1）ジャンル（2）リプレゼンテーションという2つの方法で表現されます。**

バラエティ豊かな図書館の2つの側面は、幼児から10代まですべての年齢の子ども向け

に育てることができます。

バラエティ豊かな本のジャンル

おとぎ話とレポートの文章の違いは何ですか？　詩と対話はどう違うのでしょうか？ジャーナリストが報道したニュース記事とオピニオンライターが書いた社説はどう見分けるのでしょうか？　あるトピックについて書くには何通りの方法があるのでしょうか？それぞれの違いは何ですか？　文章の「ジャンル」を特定することは、クリティカル・シンキングの課題の一部です。その特徴を知ることで、読者は書き手の使命を理解することができます。

手順

1 さまざまなジャンルの本を10種類集める。
10個の例を考えるヒントが必要な場合は、次の25個のリストを参照してください。家に十分な種類の本がない場合は、図書館で本を借りる必要があります。インターネット上の記事を印刷するのもいいでしょう。

絵本・フィクション・歴史小説・ファンタジー・ノンフィクション・観察ガイド・詩・寓話・手紙・おとぎ話・民話・聖書などの聖典・新聞・雑誌記事・百科事典・戯曲・コミック、グラフィックノベル・伝記・批評・回顧録・神話、伝説・教科書・演説・歌詞

2 一つのジャンルにつき1枚の紙を使用し、ページの一番上にジャンル名を記入する。次の質問に答え、正しいページにメモを書き込みましょう。このプロジェクトは数日かかることがあります。

■ 表紙には何が書いてある？　画像？　抽象的なデザイン？　どんな色？　あなたが受けた印象は？　楽しい気持ちになるのか、情報が含まれているのか、新しい洞察に驚くようなものか？

■ フォントのスタイルに注目する。奇抜？　大きい、小さい？　デザインの一部、それとも違う？　複数のフォントを使っている？　このページで一番大きなフォントは何（著者名かタイトル）？　タイトルから何についての本か想像できる？　あなたはこの作家の作品を読んだことがある？　タイトル、著者、表紙の見た目から、本の

中身にどんな期待をもつ？
- それぞれの本で、本文の最初のページを開く。一冊ずつ声に出して読む。子どもたちに比較対照してもらう。
- 文章はどのように始まる？　背景情報？　会話？　事実関係？　叙情的な台詞？　一番興味を「引かれた」のはどれ？　一番興味が湧かなかったのは？　その理由を説明できる？
- もっとも短いジャンルはどれ？　その理由は？　本の厚さに注目し、次にページ数を数える。短いものから長いものへと積み上げ、どの本にどのような情報が書かれているかを確認する。驚くような何か新しい発見がある？
- 内容は物語、それとも情報の報告？　どうしたらそれがわかる？

手順

1. 集めた本の中からまったく異なるジャンルの本を2冊選び、それぞれの言葉のリズムを確認する。
2. それぞれ文章を1～2ページコピーする。
3. 声に出して読み、子どもに復唱させる。

4 各文章について質問する。文語体の言葉遣いか、口語体の言葉遣いか？　韻を踏んでいるか、踏んでいないか？　事実か、情報的か？　説得的か、説明的か？　公式か個人的か？

5 数学を応用する（グラフや表計算を作成してもよい）。

（a）1パラグラフ、1節あたり何語ある？（1、2ページを集計して平均値を算出する）

（b）平均的な単語の長さはどのくらい？

（c）1段落に説明する言葉は何語ある？（子どもが非形容詞を選んでも、説明語のカテゴリーにリストアップする。これは、品詞を完璧に識別するためではなく、子どもたちの頭で説明語を探す様子を見るチャンスです）

（d）6文字以上の単語はいくつある？

（e）子どもが初めて見る単語はいくつある？（人によってさまざまです）それらはどんな単語？

6 1段落に登場するすべての動詞のリストを作成する。体を使ってできる行動と、考え方や知覚に関係する動詞に印をつける。どちらのカテゴリーの動詞が多いか？

7 この種の文章でいう「登場人物」とは誰？　人間？　動物？　人工物？　統計？　機関？　専門家？　一般人？　歴史上の人物？　科学的な記述？　情報？　アス

リート？　子どもや大人？

8 一つめのジャンルは何のためにあるのか？　2つめのジャンルは？　娯楽としてならどちらを読む？　情報収集のためなら？　理由は？

9 句読点と「かぎかっこ」に注目する。どのマークが一番多く使われているか？　何か欠けているものはあるか？　たとえば、詩を見ている場合、その詩人は大文字にこだわっているか？　大文字やコロン、そのほかの句読点がないことで、文章の読み方がどのように変わる？

10 書き手に注目する。一人称で書いているのか、それともほかの視点で書いているのか？　著者の経歴はこのトピックと関係があるか？　この物語や詩を書いたり、トピックについて書いたりする著者の能力を裏づけるのはどんな経歴？

11 著者はどのような目的で書いたと思う？　ユーモア？　エンターテイメント？　情報提供？　説得？　説明？

子どもも、あなたに質問をしてヒントを得ることができます。たとえば、「ば行」で始まる単語はいくつあるか？　1つの段落にはいくつ文があるか？「段落には少なくとも4つの文がある」という従来のルールが崩れていることや、書き手が男性代名詞をデフォルトで使っていることに、すぐに気がつくかもしれません。よく見て、質問することで、何を見つけるべきかを子どもに教えるのではなく、実際に「そこに」あるものを見つけることができるのです。

さまざまなジャンルの文章に慣れ親しむには、毎日の音読の時間に、より多くの作品を取り入れるのも一案です。まず、詩や昔話を選びます。そのあとにノンフィクションを少し読みます。興味のある話題について、最新のニュース記事を読んで、一緒に表を眺めます。それから、小説を1章読みます。毎日、さまざまな文章を読むことで、子どもたちはたくさんの文章のスタイルを楽しみ、やがて真似をするようになります。

バラエティ豊かな本のリプレゼンテーション

多様な本のコレクションのもう一つの特徴が、「リプレゼンテーション」です。自宅の本のコレクションは、社会の多様性を正しく反映しているでしょうか？

家族というのはそれぞれ異なる特徴があります。文化的背景、学び方の違い、精神的・政治的信条、既婚・未婚、養子縁組、出産、性的指向、そのほかたくさんの要素が、家族の鮮やかなタペストリーを作っています。結局のところ、まったく同じ家族というのは存在しません。多様な視点は、画期的な洞察力をも育てます。クリティカル・シンカーを育てるには、考えるべきこと、熟考すべきことを探し続けてください。

次の有益な質問を自分に投げかけてみましょう。

質問

- 自分の本棚を見たとき、どんな世界が本の選択に反映されている？
- 自分の経験を子どもに示す本はどれか？
- 自分がしていない経験について、子どもが知り、学ぶのに役立つのはどの本か？
- 音楽、科学、歴史、地理、食べ物、数学、芸術を探求する本はあるか？
- 研究に基づいて書かれた本と、実体験に基づいて書かれた本があるか？
- 地域・出来事・時代をよりよく表現している、入手可能な別の書籍はあるか？
- 著者は多様か？（性別、国籍、人種、能力、社会経済的地位、政治的所属など）
- 主人公は多様か？（性別、国籍、人種、能力、社会経済的地位、政治的所属など）
- 視点は多様か？（歴史的、個人的、統計的、編集的、芸術的、事実的）

注意したいのは、ベースになっている文章が実体験か研究かで、自動的にその本の良し悪しが決まるわけではないということです。コミュニティのメンバーによるレビューを読むことが重要です。この物語でリプレゼンテーションされている人たちは、この本をどのように受け止めたのでしょうか？　その地域・時代を正確に描いているでしょうか？

ジャンルもリプレゼンテーションも多様な本のコレクションをつくることで、子どもの理解の土壌は豊かになります。精読はクリティカル・シンキングを促進します。情報を読み解き、事実とフィクションを区別し、著者の実体験を根拠とするための、より良いツールキットができあがるでしょう。

次の章では、これらの本を「深く」読む方法についてお話しします。

第8章

ゆっくりと深く読む

本のない人生など想像できません。本を開き、視線を落とし、私的な旅に連れていってくれる作家とゆっくり時間を過ごすという、自分だけの喜び。そんな喜びのない時代に生きるというのは、特殊な拷問のように思えます。

しかし、私たちが楽しむ読書、つまり黙読が、人間の歴史に登場したのは最近のことです。ロマンス小説にせよ、地球が太陽のまわりを回る仕組みに関する入念な説明にせよ、これまでのほとんどの時代に生きた多くの人は、本のページを開いて書き手と親しく付き合うということができなかったのです。

まず、たき火を囲んで行われる口承や、広場での討論が生まれました。これらは、地球上のあらゆる場所の人間社会で見られる、周知かつ古来のコミュニケーション方法です。その点、読み書きは新しいのです。しかし、誰もが文字の出現を人間としての成長への恩恵と考えたわけではなかったことをご存じでしょうか。プラトンは『パイドロス』という著作に、ソクラテスとその弟子によって行われた対話の記録を残しています。ソクラテスは、現代の親が子どもにビデオゲームのことで説教するように、文字を使うことについて警告します。「気をつけなさい！　脳が腐ってしまう危険がある！」

「人々が文字を学ぶと自分の記憶力を使わなくなるため、忘れっぽくなるだろう。目で見て確認できる文字に頼って文字が示す意味を覚えないからだ……多くのことを聞いても何も学ばず、無限の知識をもつように見えても実は何も知らず、現実を見ずに知恵を振りかざす厄介者になる」

ズドーン！　まさにその通り、ソクラテス！　フェイスブックを見たソクラテスの反応を想像できますか？「多くのことを聞いても何も学ばない厄介者……」。身震いしてしまい、これ以上文章を打ち込めないほどです。私は本を書くことで、「現実を伴わない知恵の表現」に貢献しているのでしょうか。

口承文化は、その躍動感、予測不可能性、コミュニティの知恵、そして口承によって育まれるコミュニティそのものという点において重んじられました。先住民の文化は今でも、心の言葉を再生し、共有するアイデンティティを思い出させ、地域社会の絆を守るものとして、口承の伝統を大切にし続けています。インターネットも同様に、読書会や共同体形成のプロジェクトを活発化させています。一方で、ブログやソーシャルメディア、ニュース記事の下に続くオンラインコメント、掲示板、チャットルームには活気があり、変動性もあります。

この素晴らしい新時代に私たちは、読書と思考という2つのモード、すなわち**「超集中（ハイパーフォーカス）」**と**「深集中（ディープフォーカス）」**の融合を目撃しているのでしょうか。

「超集中」から「深集中」へ進化

太古の昔、大きすぎる脳と小さな歯をもった人類は、危険がいっぱいの世界で生きていくために、**「超集中」と呼ばれる神経学的な集中の習慣**を頼りにしていました。脳は、次から次へと現れる脅威から身をかわし、常に警戒し、自己防衛のためのマルチタスクをこなすべく、超集中の力を備えています。木々の揺れる音、かすかなうなり声、気温の低下。これらの体験がスマートフォンの通知音のように機能し、受信したデータを「今すぐに」確認、管理し、安全を保つよう知らせます。私たちのダイナミックな口承文化は、このような集中の形を反映したものです。口頭伝承は共同で創造されるものであり、その瞬間に対応しています。コミュニティのメンバーは、共有された物語を繰り返し練習し、それを自分なりの方法で表現します。物語を修正、拡大し、伝統、リズム、儀式を加えて、グループが生み出した意味を強調して、記憶に残します。

口承言語が文字に変わると、洞窟の壁に描かれたり、パピルスに手書きされたり、写本に丁寧に写されたりして、物語や歴史は一つのまとまった作品となりました。こうして生まれた手書きの書物は、主に朗読会や、教会や役場など公共の場で朗読されるようになりました。実は、一人で読むことができる識字能力をもった特権階級の人々でさえも、声に出して読んでいたのです。聖アウグスティヌスは380年、聖アンブローズが文章を黙読している（唇を動かしもせずに！）のを見て、驚嘆しています。

やがて情報を記録し、伝達する手段として文字が普及拡大し、中世にはエリート階級以外の多くの人々も文字が読めるようになりました。読書は、指導するコミュニティのために指導者が行う公的なパフォーマンスとしてではなく、自己啓発や記録保存のための私的なツールとして用いられるようになりました。

言葉も新しい形に変わりました。単語と単語の間にスペースを入れたり、句読点をつけたりするようになったのです。書き手は自分の書いたものを編集できるようになりました。その結果、より細やかで複雑な主張を巧みに表現できるようになりました。読むこと、書くことが、人間の思考の方法を変え始めたのです。**ある思想について読み、考え、ほかの思想との関連性を見つけ「深く集中する」ために、人々は一人の時間を必要とする**

ようになりました。

脳の「超」集中状態から、「深い」集中状態への劇的な変化が起こりつつありました。カリフォルニア大学ロサンゼルス校の英語学教授であるキャサリン・ヘイルズは、この2つの注意の状態をうまく言い表しています。「深い集中は、1つの媒体で示される複雑な問題を解決するのに優れているが、環境への警戒心と反応の柔軟性が代償となる。超集中は、複数の焦点が集中力を奪いあうような、変化する環境を素早く切り抜けることに優れている。欠点は、ビクトリア朝小説や複雑な数学の問題のような対話的でない対象に長時間集中する際に苛立ちが生じることである」

15世紀には印刷機が登場し、深い集中力をもった状態への脳の変化が加速されました。「知識の開発はますます個人的な行為となり、読み手はそれぞれ自分の頭の中で、思想家の著作を通じて伝えられた思想や情報を個人的に統合するようになった」

一人で読み、思想と向き合い、自分自身で結論を導き出すこの能力は、教育に対する概念を大きく変えました。学生たちは、深く集中して取り組むことにより、自分にとって意味のある学習を実現することが期待されました。教育機関は、この「深集中」方式をあますところなく採用しています。ヘイルズもこの傾向を認めています。**「進化論的な文脈で**

は、間違いなく最初に超集中力が発達する。常に危険を警戒する必要のない集団環境を必要とする、深い集中は相対的にぜいたくな力である」。このことを念頭に置いて、私たちは校舎や図書館を、騒音や邪魔なものから守られた静かでプライベートな空間となるように設計し、読書に集中できるようにしました。また、教師は、「深集中」による学習が教養ある生徒の重要な習慣だと考えるように訓練されています。

しかし、実際には、深い学びよりも静かな学びが重視されることが多いのです。そのため、親たちは子どもが宿題をするとき、集中していることの証明として静かに考えることを期待しています。

スマホの登場による「超集中」への回帰

しかし、21世紀を迎えた今、私たちの脳にまた新たな劇的変化が起こりつつあります。**携帯電話でインターネットが使えるようになると、人間の集中の習慣はもっとも初期の傾向、「超集中」に戻りました。**環境を監視し、侵入者に注意を払うという原始的な欲求が、デジタルライフにおいてすさまじい勢いで戻ってきたのです。FOMO(fear of missing out：インターネットの世界で楽しいことやチャンスを逃すことへの不安)は現実のもの。私たちを待ち伏せしながら鼻を鳴らすイボイノシシに邪魔される心配はなくとも、Instagram のコメントを見逃すことは許されないのです！　複数のデバイスの赤い光や音や振動が、目の端や耳をとらえ、ポケットを刺激します。私たちは、行動を中断せざるを得ないと感じます。太古の昔から受け継がれたこのプログラミングに、テクノロジー企業はつけこんでいます。

フェイスブックを運営するメタ社のようなソーシャルメディア企業は、「ログインし続けなければならない」という心理的プレッシャーを最大化できるようプラットフォームを設計しています。「一見、無害に見える機能……好意的な評価や好意を示す『いいね』ボタンや『お気に入り』ボタン、画面の情報を更新するスワイプ、友人とのやりとりを集計する機能、無限に続くスクロールなどは、スロットマシーンメーカーが開拓した心理的条件付けテクニックの変化形だ。それらは感情的、社会的な報酬を約束し、その報酬は予測不可能な方法で与えられる」。このようなアルゴリズムによるストレスの結果、私たちは毎日朝から晩まで、さっと読んで、考えることなく即座に反応するよう訓練され、過敏で隙のない脳の警告システムを作動させているのです。オンラインコンテンツに即座に反応しなければならないというこのプレッシャーと、時間制限と正解のある多項選択式テストの記憶が結びつけば、多くの人がすべてのツイートやフェイスブックの更新に即座に反応し、もっとも正しい立場を主張することに執着する理由がわかってくるでしょう。

しかし、**クリティカル・シンキングを可能にする読書には深さが必要です**。スマートフォンが私たちの脳の配線を文字通り変えてしまったことで、そうした読書は以前ほど容易ではなくなっています。ニコラス・G・カーは、著書『ネット・バカ　インターネットがわたしたちの脳にしていること』で次のように主張しています。

「社会全体として、活字を読む時間はますます減っている。たとえ読んでいたとしても、インターネット漬けで過ごす時間の隙間で読んでいるのだ」

100ページを超えるデータや調査を示したあとで、カーは説明しています。

「一つ明言できるのは、脳の神経可塑性について現在わかっていることを前提に、人間の精神回路をできるだけ速く、完全に配線し直すメディアを発明しようとしたら、おそらくインターネットによく似たものを設計することになるだろうということだ」

皆さんはどうかわかりませんが、私は今日のデジタル環境では集中した読書ができません。記事をスクロールしながら内容をざっと確認し、自分が見つけたいものを探していることが、認めたくないほど頻繁にあるのです。一人の書き手が、時系列にそって複数の章にわたり主張した内容を読むのではなく、目を引く意見が出てくるまでパラパラとめくって読み飛ばします。1つのウェブサイトを3分から5分ほど見て、ハイパーリンクをクリックし、別のウェブサイトに移動します。私はこの10年以上、「ファストフード」的な情報摂取を続けてきました。それが今、悩みの種です。

言語病理学者のリタ・セヴァスコは、このような読書のスタイルを「リス式」と表現しています。私たちの目と集中力は、文章を追跡して注意深く読むのではなく、ページを飛び回って、貯蓄すべき情報の断片を探しています。

識字能力の専門家として知られるメアリアン・ウルフは、このような読書方法の変化について研究しています。私が彼女の視点を高く評価しているのは、インターネットの利用によって読書習慣が変化したことをとがめない点です。**本で学ぶこととデジタルデバイスで読むことの両方を受け入れるにはどうしたらいいか**に関心をもっているのです。

ウルフは、小学校4年生までに、子どもたちが、2つの言語を使って学習ができる「バイリテラシー」を身につけることは可能であると示唆しています。「さまざまな種類の読書のうち自分にとって何が最適かを知っている、真のバイリテラシーを身につけた子どもを育てるためのプロセスを構築することが必要です。私たちは本に頼ることができます。

ゆっくりとした集中力が必要なときには、文章をプリントアウトすることもできるのです」
深く集中して読む習慣を身につけて育った現代の大人は、デジタルで情報を受け取るときでも、必要に応じてその習慣を呼び出す能力が高いことをウルフは認識しています。そして、こう続けます。「最終的に重要なのは集中の質です。私たちは、子どもたちに長期的に、最良の形で集中させたいと考えています。電子メールのほとんどは、深く読む必要がありません。しかし、深く読む必要があるときには、集中する能力が必要です」。**子どもたちが本とデジタルデバイスの2つのシステムの力を体験できるよう、成長とバランスの両方を助けるのが大人の仕事です。**

しかし、現在進行中の変化は、明らかに「超集中」への回帰です。超集中読書は、オンラインとオフラインを問わず、あらゆる文章に接する際に主流となっています。今日の超集中読書の問題は、消費される言葉が知的な関わりの表層に留まってしまうことが多々あるという点です。私たちが育てたいのは、さまざまな思考を互いに結びつけながら、自分にとっての意味を見出す能力であり、そのためには深い集中力と注意力が必要なのです。

「深い読書」による癒し

現代の子どもたちは、このようにファストフード的にデジタル情報を摂取しています。それに比べて、本は難解というか、古風な感じがします。私だって、紙の本のページを指で「スワイプ」しようとしたことがあるほどです。本や詩でも、記事やツイートでも、読む行為とは書き手の心にあるリビングルームの椅子に座るようなものです。

初期のオンライン掲示板で、内向的な人たちがぞろぞろと集まってきたことを覚えています。内向的な人たちは、タイプすることで自分の考えについて会話ができます。外向的な人たちに邪魔されたり、慎重に練った考えを大声によってかき消されたりする心配はありません。読むという行為によって、お互いの内面を知ることができます。素晴らしいことです。

インターネットは、相互の共有と理解の黄金時代として歓迎されました。お互いへのアクセスが増えるほど、憎しみは消散し、愛が花開くのだと考えられていました。ああ、しかし……。その夢は、挑発的な「荒らし」の登場によって吹き飛ばされてしまいました。読むことは孤独な楽しみから、危険な（しばしば一般公開された）双方向コミュニケーションとなり、つながっているという高揚感か、ケンカを売られたときの荒廃的な気持ちのどちらかをもたらすようになったのです。読むという行為から何か有意義なものを得たのは確かですが、それと同時に、ネット上では何か別のものが失われてしまいました。

今日のデジタル環境は、多くの部屋があって無数の人々が集まるパーティーのようなものです。 会話が進行し、人々はあらゆるところでおしゃべりしています。あなたは、まるであちこちへ動かされるピンボールのごとく、自分の居場所を探そうとしています。こうした会話に出たり入ったりして、私たちは多くのことを学ぶことができます。

しかし、多くの人（私もそのうちの一人です）が想像していた当初の楽観的なユートピアとは異なり、この地球規模の発信プロジェクトでは、数十年後に不吉な結果が表面化しました。人間は聴衆でいるより発信者でいることに関心があったのです。自分の考えを無限の読者に向けて発信できるプラットフォームをもつことは、酔いしれるような体験です。発信者にリアルタイムでフィードバックできるということも、同じくらい魅力的です。ただしそのフィードバックはただ気を引こうとするだけ、つまり、とっさの思いつきで、無遠慮なものであることが多いのです。

子どもたちはこのような急流に分け入り、オンラインの世界の進行する会話に参加します。むしろ、こうした会話のない世界を知らないのです。プレッシャーに満ちた、何にでも反応するような関わり方は、抵抗やパフォーマンスの刺激がないオフラインでの読書に対する愛情を弱めることになります。読書だけでは、全然「パーティーっぽく」はありませんから。

ほったらかしの草が伸びすぎた庭のような、地球規模の言葉の発信に対する解毒剤は、持続的な方法で関わりながら深く読むための選択をすることです。「深く読む」とは、ある思想について忍耐強く考察することであり、パーティーで別の誰かと一緒に、邪魔が入らない静かな一角に忍び込むようなものです。**「聴く」ように「読む」ことは、書き手を訂正したり応援したりするのではなく、「自分の」理解を深めることです。**書き手に発言権を与えることで、つまり自分の言い分を述べたり、ストーリーを共有したりするための十分な余地を与えることで、読み手は書き手から影響を受ける機会を最大限に得ることができます。それが、私たちの書く理由なのではないでしょうか？

私たちは、自分の言い分を聞いてもらいたい、知ってもらいたい、真剣に受け止めてもらいたいのです。深く読むことは、誰もあなたがコメントすることを期待していない、少なくとも、迅速なコメントは期待していない、ということです。一方で、文章と読み手との間に生じる内部の対話は、豊かで編集されていません。

読書が教育的なエネルギーを生み出す子ども向けの発電所となるためには、私たち大人が成長を促す深い読書を可能にする条件を整える必要があります。電子書籍ではなく、紙の本が、子どもたちを「深い読み手」に育てるのにもっとも適しています。**読んだ本の内容についてのクリティカル・シンキングは、夢中になって、じっとしたまま、邪魔されることなく読むという体験のあとにしか実現されません。**当然ながら、ここでは読解力が重要な鍵を握ります。

もし、子どもがまだ解読に苦労しているようなら、深くて静かな読書はその後です。深く読む練習の素晴らしい点は、それが子どもの生涯にわたって蓄積されること。子どもが内面的に実現させるであろうつながりと観察は、あなたの目には見えないことが多いのです。けれども、書き手に対する忍耐強い姿勢が、思慮深く、やがて深くじっくりと考えることを可能にしてくれます。

深い読書は私たちを癒し、贈り物を与えてくれます。想像力に火をつける、背景知識を新しい概念に結びつける、言葉遊びや推論を楽しむ、構文で遊ぶ、洞察のひらめきを引き起こすといった贈り物です。深い読書とは、時間をかけて一度に一つの声に「耳を傾ける」ことです。書き手に身を任せているうちに、いつしか書き手が自分の意のままになっています。これは信頼の行為です。私たちは読んで書き手の視点にひたるとき、書き手の視点や物語が存在するための空間を自分の中に作り出します。親指を立てたり、下げたりする義務はありません。新しい情報とともに存在し、判断を下す前に、心にしみわたらせることができるのです。このようにゆっくりと思考に関わると、私たち自身や子どもたちが切望する知的な活力を得ることができます。

実際、深く読む練習は、あらゆる概念にも苦労している子どもの助けになります。数学の計算や科学の特定の考え方に戸惑っている子どもには、解答する前に、その概念とじっくり向き合う時間が多く必要かもしれません。

そのような子どもを手助けするには、情報を印刷して、邪魔することなく黙読させ、それから再挑戦することを勧めるのも一つの方法です。私たちは、「早く終わらせよう」と急ぐあまり、ほかの邪魔なもの（あなたもね！）を一切排除して、ただ全力で文字に集中することで得られる内的な作業を省いてしまうことがあります。そうならないよう、セヴァスコは、子どもに音読をさせることを勧めています。そうすることで、（1）読むスピードが遅くなる（2）聴覚的なフィードバックが得られる（3）注意力を喚起できる、というような付加的な恩恵が得られます。たとえば、大人は道路標識を声に出して読むことがよくあります。声に出して読むことで、集中力が高まり、理解しやすくなるのです。

読み手が深く読み込んだかどうかを測る一つの方法として、書き手の視点を正確に言い直してもらう（同意する必要はないが、まだ批判する必要もない）というものがあります。原型をとどめたまま、書き手のメッセージを読み手の言葉で伝えるというのが「ナレーション（叙述）」の目的です。ナレーションは、カップルセラピーのようなものだと考えてください。セラピストからは、パートナーの話を中断することなく聴くよう言われます。あなたは、耳にした内容を（いろいろな理由を付与することなく）言い換えます。これが想像より難しいのは、私たちは自分の視点に合った仮定をすることがうまいためです。

読むことを通して「聴く」ことは、持続的な苦悩となりえます（この点もセラピーと似ています）。自分が真実であってほしいと思うことと視点が矛盾していたり、話の筋に動揺したりするからです。読書は必ずしも楽しいものではありません。しかし、書き手の声を聴くということは、静かに座り、忠実に耳を傾け、自分の意見を急ぐ前に正確に言い換えるということです。オフラインの読書は、賛成できない視点と向き合うよい機会を与えてくれます。このような読書は、書き手が合理的な存在であると信じることから始まります。少なくとも、書き手が伝える考え方は、たとえそれが既成の事実を覆したり、偏見が含まれたりしていても、書き手にとって意味のあるものとしてまとまっているのだと信じることから始まります。陰謀論や、あなたがシステム的な問題の一部であると非難する文章を読むときには難しいことです。

一方で、**深い読書の利点は、必要であれば一旦中断できる点、評価を要求されることなく、ある思考や誰かの経験に向き合うことができる点です。**自分の感情を、挑発的なフレーズや短文式のブログの暴言ではなく、より長い物語の横糸に沿わせることができます。また、深い読書によって、書き手と読み手の間に健全な境界線を作ることも可能です。ソーシャルメディア上では、コミュニティにおける個人の誠実さを示す行為として、自分の立場を表明しなければならないというプレッシャーを感じることがあります。しかし、**個人的に深く「読む」ことで、読み手は宣言することなく、また他人の監視に屈することなく、思考に目を向けることができます。**

インターネットには、知りたいと思うあらゆることが収められていて、何の苦労もせずにアクセスできると勘違いしがちです。その結果、私たちは情報そのものを覚えるよりも、情報を探す「場所」を記憶することを学びます。これは総じて思考力が失われているということです。なぜなら、私たちの頭は、洞察を生む関係を簡単につくることができないからです。

子どもたちは、ゲーム、メール、動画制作など、デジタルライフのさまざまな入力に対応する方法を知っています。私の娘も、数学の宿題をしながらインスタントメッセージを6つも開いて、それらをすべて同時に管理していたことがありました。彼女は、超集中で可能になる信じられないほど柔軟な集中力を利用していたのです。しかし、新しい数学のプロセスを習得するためには、このような勉強法ではうまくいきませんでした。ほかの情報を排除する集中力が必要でした。

この2つのスキルを育み、没頭できる学習へと導く超集中の力から深い集中力への認知的シフトを行う方法を子どもに教えることが、私たち親や教師の役目なのです。

Lesson

09

深く読む

本、記事、エッセイを読む時間を最低10～15分、目標としては20分、中断せずに集中して読みましょう。この練習を発展させるには、電子書籍ではなく、紙の書籍を使うのが効果的です。7～10分ほどで落ち着き、15分ほどで深い集中状態に入ることができます。週に数日、20分の黙読を目標にすれば、家族や生徒と一緒に達成するための素晴らしいルーティンになります。読書が苦手な子やじっとしていられない子には、目標をもっと短い時間にしてもいいでしょう。また、段落ごとに親と交互に音読する「段落読み」が効果的な子どももいます。

スマートフォンやコンピューター機器が部屋にあると、たとえ電源を切っていても、読んでいる本から注意力が奪われるという研究結果があります。スマートフォンの電源を切るだけでなく、目の届かない別の部屋に置くのも効果的です。見えると、気が散ってしまいます。ポテトチップスの袋を戸棚にしまうのではなくカウンターに置いたままにするのと同じです。視界の外にあるものは、本当に見えなくなります。ジャーナリストのエズラ・クラインは自身のポッドキャストで、本を読もうと思ったときに、スマートフォンを入れるためにタイマー付きの金庫を買って、アクセスしたくてもできないことを確実に頭に「わからせる」必要があったと語っています。一日8時間以上、スマートフォンに頼っていると、脳が疲弊してしまうほどの力をもっているのです。

子どもたち全員と、少なくとも1人の大人が、次のような深く読むトレーニングに参加することをお勧めします。教室にいる家族や生徒にスマートフォンをカゴに入れてもらい、カゴを別の部屋に移動させます。タイマーをセットし、同じ部屋の中で居心地の良い場所を探して座ります。タイマーが鳴るまで、黙読します。まだひとりで読めない小さな子どもは、大人の膝の上で図書館の本のページをめくるのもよいでしょう。静かに本を読んでいるときにキャンドルの火が見えると、小さな子どもはよく反応します。ロウソクに火が灯っている間は、みんなお話しせずに本を読む、という静かな視覚的な合図になります。読書タイムが終わったら、子どもに吹き消してもらいましょう！

深く読むためのステップ

手順

1 気が散るものの電源を切る（スマートフォンは別の部屋のカゴに入れる）。
2 本をページの順番に読んでいく。
3 心地よいペースで読む（これは、競争ではありません）。
4 質問したり、おやつを食べるために立ち上がったりせずに読む。
5 家族で一緒に読む（補助輪効果）。
6 ある程度読書が継続できるようになったら、夜寝るときにベッドでの読書を推奨する（エキスパートレベル）。
7 5〜7分から始めて、読む時間を少しずつ長くしていく（タイマーをセットする）。

■ 目標：週に数日、20分間中断せずに読書をする。

タイマーが鳴ったら終わりです。この時点でも、理解度確認の質問を連発する必要はありません。各自が自分の反応や感覚を楽しむようにしましょう。黙って深い読書をする習慣が自然に身についたら、もう一段階踏み込んでみましょう。歯医者の待合室など、待ち時間が発生する場所にiPadではなく本を持っていくことを提案します。

深い読書と併用して行えるアクティビティ

深い読書をすることで、生徒はさまざまな思考や個人的な意味づけの核心につながりを見出せるようになります。大人が文学やノンフィクションを読むのは、楽しみのためでもあり、造詣を深めるためでもあります。リラックスした姿勢で読めば、個人的な意味づけをしたり、読んだものを自分の個人的な経験や受け入れている世界観と比較したりするための余裕を多く確保することができます。生徒が読書について考え方を変え、読んだものを自分自身の意味と結びつける場を与えれば、生徒もこのような深いつながりをもつことができるのです。

スタンフォード大学の研究者であるサラ・レヴィーンは、幼児や10代の子どもに両極を引き出すような質問をすることを勧めています。文学に対する個人的な反応を促すために、「アップ、ダウン、両方、どうして」と呼ばれる、「サムズアップ（親指を立てる）」「サムズダウン（親指を下に向ける）」アプローチを使うことを提案しています。この練習では、読書のパートナー（親や教師）が、「物語のこの場面は、いい出来事だと思いますか、それとも悪い出来事だと思いますか？」といった挑発的な質問をするのです。そして、生徒たちは、いい出来事だと思う場面では親指を立て、悪い出来事だと思う場面では親指を下に向け、あるいは、その場面がいい出来事と悪い出来事の両方だと感じるのであれば、それぞれの親指を上下に向けます。その後、生徒たちは自分の答えを説明するように促されます。家族内では、このサムズアップとサムズダウンは少し強引に感じるかもしれません。とはいえ、この概念は有益です。目的は、単に文章の情報を言い直すことではなく、子どもと本の内容との関係を引き出すことにあります。

また、このような問いかけをすることで、内省を促すことができるはずです。

質問

- このキャラクターに共感する部分が多い？　それとも少ない？
- このシーンの天気は、これから良いことが起こるという予兆なのか、それとも不吉な前兆なのか。
- この繰り返される「ぱ行」の「ぱぴぷぺぽ」の音は、口の中でどのように感じる？

読書に対する学生の直感的な反応を引き出す質問は、個人的な意味を育むのに役立ちます。大学院時代、教授が読書を課し、読んだ本について毎週５００ワードの考察エッセイを書くことがありました。私はこの練習が大好きでした。読書後の自分との対話は、大人になってから非常に実りある思考につながりました。クリティカル・シンカーを育てるためには、深く読むという才能を失いたくないし、意味を明らかにして、個人的に価値あるものにするための「書くこと」「話し合うこと」から得られる読書の恩恵も忘れたくありません。書くことも、深い集中と学習の一形態なのです。

以下の練習は、深い読書の価値を高め、相互関連性を形成することを可能にします。月に１～２回、この練習に挑戦してみてください。

好奇心がキラキラ５～９歳：コピーワーク

今日のホームスクール活動やヨーロッパの多くの学校では、本や劇や詩から意味のある一節を保存する方法として、「コピーワーク（書き写し）」と呼ばれる練習が取り入れられています。コピーワークは、識字研究においても人気が高まりつつあります。

手順

1. 子どもが選んだ文章を、通常は手書きで（タイプライターでも可能）ノートに（デジタルファイルなら印刷・保存も可能）書き写します。個人的に意味のある文章を選びます（我が家では、このような文章を「ゴールデンライン（優れた文章）」と呼んでいました）。
2. ゴールデンラインを書き写したあと、子どもは選んだ理由を説明する文章を1、2文付け加えます。日付も入れます。
3. 複数集まると、自分が読んだものや得たものを収めた貴重な「アルバム」ができます。

コピーワークによって、書き手は文学の美しさと力を理解することができます。再読も勧めましょう。テーマが見えてきたり、読んでいる間はすぐには気がつかなかったつながりができたりします。

パッと通じる10～12歳：備忘録

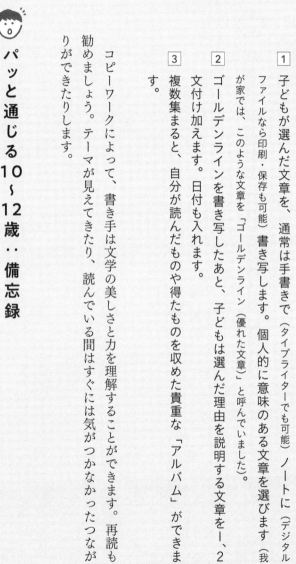

作家や学者の多くは、「備忘録」と呼ばれるものを好んでつけています。思考や反応、相関的なアイデアや説得力のある引用を収めておく、個人的にまとめたノートです。スクラップブックのようなものですが、出来事ではなく、アイデアを記録するものです。まとまりのある日記ではなく、さまざまな考えや引用の寄せ集めです。

現代の小さい学者さんたちには、本を読むときにメモをとることをお勧めします。毎日でなくてもかまいませんが、数章ごとに行うとよいでしょう。登場人物の簡単な描写、地図、新しい語彙のリスト、自分の疑問や反応などを書き込むこともできます。このノートは、お子さんの人生のある季節を綴った大切な日記となることがよくあります。

この練習は、数週間ごとに子どもの心を写真に撮るようなもの。最終的には、心のスナップショットでいっぱいのアルバムができあがります。

シャープな頭脳の13〜18歳：短い考察

10代の読者にとっては、1章または1冊の本を読み終えたあとに書く習慣を身につける絶好のタイミングです。フリーライティングは、最初は非常に価値のあるツールです（高校でも、文学の分析エッセイを書くことを学びます）。フリーライティングとは、あらかじめ決められた時間で書くことです。

タイマーをセットし、時間内でスペルや句読点を気にせず、思いついたことを何でも書きます。流れに任せて思ったことをそのまま書きとるのです。読書に対する反応としてフリーライティングを利用するので、読んだことの一面を書き留めることをお勧めします。

ここにいくつかアイデアをご紹介します。

- 今日読んだものから1つの単語を選び、それについて書く。たとえば「個性」「不公平」など。キーワードをページの一番上に書く。行き詰まりを感じたら、別の行の最初にその単語を書き直し、もう一度始める。また、罫線のない白紙を使って、ページを横向きにし、吹き出しの中に書き込むと、いろいろな考えがまとまるかも。
- フィクションの場合は、文学的なしかけ、登場人物の動機、直近のシーンのインパクト、他の人の文章からの引用などについて書く。
- ノンフィクションの場合は、要旨やデータを自分の言葉に言い換える。あるいは、5歳の子どもに向けて書くように、アイデアや要旨を書き換える。新しい情報や新鮮な視点からの考察で印象に残ったことを書く。

＊＊＊

次のステップは、このフリーライティングの1つを、500ワードの短い考察として推敲することです。目標は、「行き詰まった」アイデアと格闘すること、あるいはそれを特定することです。紙に書き留め、10代の子どもたちには、自分の心の赴くままに進めるよう伝えます。深い読書と制約のない考察は、クリティカル・シンキングをより深く行うための大きな土台となります。

読書の力を知った子どもは、今度は直接・間接の体験や想像の力を通じて、勉強しているテーマとのつながりを深めていきます。

第9章

体験する

読書が素晴らしい教育の鍵であることは、おおよそすべての人が同意しています。しかし、読書が学力の伸びを妨げる危険性があることを認める人はそれほど多くありません。異説？　確かにそうです！　読書は、直接の経験では得られない詳細な情報を与えてくれます。しかし、こぎれいな独りよがりの結論にたやすくたどり着くことができ、その結論を試す必要もありません。経験を積むことで思想は試されます。

たとえばこんな感じです。シャワーを浴びているときに、あることを思いつきました。あなたはそれがいい考えだと思います。そして、その考えを文章にしようとします。すると言葉は消えてしまいます。その言葉をすぐさまタイプしようとすると、思考の不明確な部分がわかります。それが経験の力、正確な知識へ近づく力です。自分が何を知っていて、何を知らないかが明らかになるのです。書くことで思考が可視化されるように、経験することで学習が可視化されます。

経験によって、私たちは「自信がある（その情報を理解していると思っている）状態」から「初心者（実際には理解していない）」へ、そして時間をかけて「能力がある（スキルを身につけて理解した）状態」へと移行するのです。

クリティカル・シンカーを育てる3つの経験

「経験」には次の3種類があります。

- 直接的な経験
- 間接的な経験
- 想像で補う経験

「直接的な経験」の例は、ピアノの楽譜を読んでから、鍵盤に手を置く、などです。最初は、譜面を読んだときに理解したつもりになっていたことが思い出せません。頭が「こうしなくちゃ」と言っている内容に、両手が従わないのです。指を弓なりにしてアレグロのテンポを刻むとわかっていても、黒鍵に戻る途中で白鍵にぶつかったりして、間違えてしまいます。

この経験は、腹立たしいと同時に有益でもあります。練習によって頭の神経回路が再構築され、行うべき動作、その方法やタイミングを手が理解できるようになります。**直接的な体験は、身体の中で、身体によって、身体のために学ぶものです。**

一方で、もしピアノを弾けるようになれば、人生を通して、音楽に関する本を読むとき、音楽に対する理解度が違ってくるでしょう。あなたの洞察力は、読んだ本ではなく、直接の体験によって築かれるのです。

「間接的な体験」もまた、私たちの思考力に影響を与えます。映画、演劇、ミュージカル、ドキュメンタリー、報道、演奏会、インタビューは、私たちが直接体験することのできない人々、場所、プロセスに触れる機会を与えてくれます。時代がかった衣装や設定を用いて制作された映画を観れば、歴史上のある時代についての考え方にぐっと深みが出ます。世界のリーダーへのインタビューを見れば、新聞記事では得られない情報（ボディーランゲージ、イントネーション）を得ることができます。**間接的な体験は、私たちの考察に複雑さと詳細を加えてくれるのです。**

3つ目の方法は、「想像で補う」です。**直接的、間接的な体験ができないとき、想像力を丁寧に使えば、曖昧な印象を克服できます。**

たとえば小説は、読者が他者の視点を深く想像する助けになります。イギリスの小説家E・M・フォースターは、講義集『小説の諸相』で、「日常生活において、私たちは決して、他人と理解し合えることはないし、完全に相手の心を見透かすことも、自分の胸の内を告白することもあり得ません……しかし、作者が望むなら、小説の登場人物は読者によって完全に理解されることが可能です。彼らの人生の外面も内面もさらけ出すことができるのです」と述べています。

想像力を通して、書き手が私たちと共有し、私たちの頭の中で再現された登場人物と親密になる体験でこそ、私たちは単なる歴史の記録以上のものを得ることができます。直接的、間接的、そして想像的な体験が、理解に深みを与えるのです。

子どもは（正直に認めましょう。大人もです）生来、近視眼的です。私たちは自分のアイデンティティによってつくられたレンズを通して世界を見ています（第6章）。経験が増えると、他者の認識や論理の物語を取り込んでレンズを拡大できます。どのように細分化しようと、経験こそがクリティカル・シンキングの旅という3本柱のうちの筋金入りの2本目なのです。必要不可欠といってもいいでしょう。

直接的な経験をする

良質な読書と直接的な経験を組み合わせると、最高の学びを得ることができます。ガーデニングや楽器の演奏を学ぶこと、優れたシェフや外科医になること、車の修理やシェービングクリームの原材料の安全性テストをすること、飛行機の操縦や風をエネルギーに変換することを学ぶには、本だけでは不十分です。高等教育も、このことを認めています。本や教室での教育ののちに、訓練、インターン、研修、認定プログラムを用意して、「本物の」トレーニング、つまり実地体験を提供する必要があるのです。私は、試験でAを取っただけの外科医に、骨折した足首を手当てしてもらいたくはありません。足首の手術を何度か行い、成功した経験がある医師に診てもらいたいのです。

ドミノ倒しで遊ぼうと思った子どもが、くねくねと長くドミノ牌を並べているのを見たことがありますか？　楽しい遊びで、雨の日にもぴったりです。ドミノ倒しで骨が折れるのは、ドミノ牌の間隔を調整し、カーブをつけようと試行錯誤して、傾斜を上るか下るかを選択するというプロセスです。理論、推測、一部分だけ試してみてからほかの部分とつなげること――そんな判断をする必要があります。

試行のたびに学んだことをどれだけ理解できているのかは、ドミノを倒してみるまでわかりません。ドミノを倒すのが早すぎたり、牌の間の距離が離れていて連鎖反応が起きなかったり、悔しい思いをしたこともありました。カーブが急すぎたり、傾斜がきつすぎたりすることもありました。子どもが最初のドミノを倒すまで、息を止めて見守りました。カタカタと次々に倒れていくと、見学者は蛇行する列が一掃され、最後のドミノが倒れた瞬間の勝利の「カタッ」という音が聞こえることを願います。それが、直接的な経験の力です。

このクリティカル・シンキングのパワーを、従来の学校の授業に取り入れる方法を知りたいと皆さんは考えているかもしれません。どんな情報でも、個人的に意味のあるものにするためには、ほかの無数の関連性と結びつける必要があります。それには直接的な経験が一番なのです。

ホームスクールで子どもに算数を教えることになったとき、子どもも私と同じように算数が苦手になるのではと心配でした。そこで、基本的な計算を教えるための体験型の方法を調べました。私は素晴らしいアイデアを娘と試してみました。それは次のようなものでした。

- 数えられるものを選ぶ（貝殻など）
- それぞれの掛け算表を表すようにグループ化する（2個ずつ3グループで6個の貝殻になる、それを3個ずつ2グループに分ける、など）

私は娘に、貝殻の入った瓶を使って「2」の掛け算表を作るように伝えました。娘がその作業に取りかかっている間、赤ちゃんのおむつを替えるためにその場から離れました。戻ってみると、9歳の娘は、数字の2の形、続いて、きれいなX、さらに数字の2の形、次に2本の直線、そして最後に4の数字に見えるように貝殻を美しく並べていたのです。

彼女は、私がしてほしいと思ったことを理解していませんでした。その代わりに鉛筆ではなく貝殻を使って、計算問題のイメージを作り直していたのです。

そのとき娘はこう言いました。「掛け算表の見た目を表したんだよ」。彼女は問題の見た目を覚えていたものの、まだ算数のことを理解していなかったのです。

この「失敗」の素晴らしさは、彼女の頭の中に潜む掛け算に対する認識を一緒に発見できたことです。もし彼女がワークブックの質問にうまく答えていたら、私はそれを見逃していたでしょう。課題を与えることで、算数の「見た目」と算数の「仕組み」の間にある、欠けている部分を発見したのです。私たちは、この足し算の近道が実際にどのように機能するのかを彼女がしっかりと理解するまで、本を使わずに、数えられるものをたくさん使って一緒に遊びました。娘は、実体験と読書、その両方を通じて算数の能力を強化したのでした。

大人が一緒に経験することが最善

従来型の教室では、生徒が「一人でやりたい」と叫ぶ声がよく聞こえると言います。しかし、モンテッソーリ教育の場では、子どもたちは「一人でできるように手伝って」と言うのだそうです。大人は子どもの最高の友達です。子どもも時代のコーチや演劇の先生のことを、懐かしく思い出している人も多いはず。子どもを信じて大きなチャレンジをさせたこれらの大人たちは、最高の教師だと言われることがよくあります。こうした教育者は、子どもの成功を手助けすることに重点を置いています。

子どもが「電動ドリルを使いたい」と言ったとします。あなたはどうしますか？　電動ドリルの本を渡すでしょうか？　この要求は、子どもとの共同作業のチャンスです。現代の子どもたちは、あらゆる危害（体験ともいう）から守られています。ビデオゲームが魅力的なのも当然です。ビデオゲームは未知の世界で、大人が使う道具を使って、自分で責任をもち有意義かつ実用的な体験ができるからです。顕微鏡も、サックスも、手斧も、配線基盤やグラフィックカードも同様です。直接的な体験は、クリティカル・シンキングへの近道です。

子どもは、生まれながらに直接的な経験を好みます。私たちはそれを「興味」とか「情熱」などと呼びます。情熱は、幼児や10代の子どもに無数のクリティカル・シンキングのスキルを教えます。

特定の趣味や活動を細やかに掘り下げていくほど、その傾向は強まります。しかし、**幅広いクリティカル・シンキングのスキルを身につけるには、一つのことを深く掘り下げると同時に斬新な体験もすることこそが強力な学びとなることがあります。**たとえば、スピードと素早い反射神経が必要なスケートボードに魅かれた子どもが、ガーデニングを学ぶ。ゆっくりとしたペース、結果が出るまでの忍耐力、毎日の草取りと水やりの習慣、自然や天候、季節との定期的な関わりは、粘り強さや細やかな観察、スケジュール管理、環境への対応、世話といったスキルにつながります。スケートボードで培った柔軟性、奥行きの感覚、高速操作を、静観的なガーデニングの体験で補うことができれば、どれほど有益なことでしょう。

子どもに身につけてほしいスキルを見つけたら、その開発を促すような新しい直接的体験の紹介を考えましょう。最善の方法は、子どもと「一緒に」その活動をすることです。新しいことへの取り組みを助けるには、すでに知っていることがヒントになります。「スケートボードの技をまるまる1時間練習したことを思い出してみて。忍耐強く庭の草むしりをすることも同じだよ。時間をかけて繰り返し行うことで、素晴らしい結果を得ることができるんだ」

間接的な経験をする

経験を学習に生かすもう2つ目の方法は、間接的な参加です。知りたいことのすべてを直接体験できるわけではありません（歴史もそうですね）。それどころか、知りたいことをすべて実体験する時間もありません。木琴やシンバルをよりよく知るために、オーケストラのすべての楽器を演奏できるようになる人はいないでしょう。

私たちがさまざまな分野の専門家に頼るのは、その専門家が私たちに教え、助け、あるいは楽しませてくれるのに必要な経験をもっているからです。**間接的な経験というのは、あるテーマについて、より微妙なニュアンスや認識、理解を与えてくれるものです。**

間接的な体験は、次の2つのカテゴリーに分けられます。

- 専門家を観察する
- 近似体験する

まず1つ目は、専門家を観察することです。楽器が弾けるようにはならないかもしれません。でも、コンサートに行けば専門家の演奏を見聞きして、音楽と音楽的才能への理解を深めることができます。ドキュメンタリー番組では、芸術としての吹きガラス、外国の宗教的なお祭り、自国の刑事司法制度の仕組みなど、さまざまなテーマについて専門的な見識を得ることができます。国会議事堂、工場、農場、ホームレスシェルター、礼拝堂、競技場などを訪れると、生徒たちは専門家の活動に触れることができます。

間接的に参加するもう一つの方法は、近い体験をすることです。家族でバードウォッチングを楽しむようになったとき、子どもたちは、氷の張った水面で鳥がどのように寒さをしのいでいるのか不思議に思いました。鳥の尾の上には脂腺があり、低体温を防ぐための保護膜を分泌していることがわかりました。

そこで、その保護膜がどういうものなのか理解するために、擬似体験をしてみました。まず、バケツいっぱいに水と氷を入れます。次に、片方の手にショートニングを塗ります。そして、塗っていないほうの手をバケツの中に入れて、氷の冷たさを体感しました。それから、その手をバケツの中に入れたまま、耐えられなくなって手を引き上げるまでの時間を計りました。次に、ショートニングを塗った手を入れました。再び、冷たさに耐えられる時間を計りました。すると、驚くべきことがわかりました。ショートニングを塗った手は、いつまでも温かかったのです（冷たさに耐えられなくなることがありませんでした）。私たちは、裏庭の鳥たちのことを前よりずっと理解することができたのでした。

擬似体験の方法はたくさんあります。

■歴史小説を読んで、ローマのコロッセオを訪れたり、博物館に行ったり、時代劇の映

画を見る

- 電気のない時代の生活に近づけるために、一晩ロウソクの明かりで生活してみる
- 戦場を歩いたり、戦没者の墓地を訪ねたりすれば、死者のデータは胸に迫ってくる
- 『レ・ミゼラブル』のような演劇に出演すれば、フランス革命の危機をより身近に感じる
- ゲーム（オンライン、オフラインを問わず）をする

間接的な体験は、既成概念を覆し、単純な理解を「複雑化」して、ニュアンスを加え、より詳細に理解するなど、有意義な方法でクリティカル・シンキングを育てるのです。

想像力を通して経験する

経験を生かす3つ目の方法は、子どものパワフルな想像力を活用することです。長期記憶に関する最近の研究では、記憶の形成とは、単に多くの事実を頭の中のファイルフォルダーに保存するだけでなく、能動的であることが示唆されています。記憶と学習に関する議論では、ときにこのようなダイナミズムが失われることがあります。エドマンド・ブレ

ア・ボウルズは、代表作である『Remembering and Forgetting（記憶と忘却）』で、「感情、知覚、想起はすべて想像力をかき立てるものであり、記憶の基本は保管ではなく想像である」と述べています。感情を揺さぶり、想像力を働かせれば、より速く記憶し、長期記憶に保存したものを活用することができます。

子どもたちは、好きなことに取り組むために、自然に想像力を働かせます。小さな子どもは、大好きなスーパーヒーローのように着飾ります。特別な力があるようなふりをするのです。長男に『ロビン・フッド』を読み聞かせると、長男は緑のマントと帽子を欲しがりました。それを何カ月も着て、ファンタジーの世界と現実世界を行き来していました。演劇のプログラムでも同じような体験ができます。演技をすると、想像の力によって自分のものではない視点に立つことができます。扮装をする幼児も、演技をする年長の子どもも、想像力に関するあまり知られていない秘密を発見しているのです。**彼らは、自分自身のアイデンティティと、演じる役のアイデンティティをちゃんと区別できます。**

つまり、我が子がロビン・フッドを演じて、金持ち（うちの食料庫）から盗んだ食料を貧しい人（小さな妹）に与えたとしても、息子が実際に「現実世界」で強盗するのではないかと心配することはない、ということです。むしろ、その視点に立つとどう感じるのか知るため、一時的に自分に魔法をかけているようなものなのです。
子どもは犬になったふりをして四つんばいになり、ボウルから食べ物を食べて、犬の目線で世界を見ようとします。学校の先生や女王様、戦争孤児や有名なスポーツ選手になりきります。それは体験的であり、想像力に根ざしたものであり、家庭で教える価値観を脅かすものではありません。

舞台で演じることになった場合、10代の若者はこのような見せかけの遊びを次のレベルへと進化させます。台本のストーリーに入り込み、登場人物の動機を特定し、自分を消します。舞台で演じる人物の選択や動機に、もはや自分自身は存在しないのです。さて、この俳優は病的な嘘つき、強欲な独裁者、障害者、純情な少女、あるいはレジスタンスの一員になります。演技をすることで、演じ手と登場人物を分ける壁を内側につくることができます。10代の俳優が、演じた人物と同じ信念をもっていると思う人はいないでしょう。しかし、演技をすることで、生徒は別の視点からの論理的なストーリーをより身近に感じることができるようになるのです。

同様に、ビデオゲームにもさまざまなスタイルがあり、子どもたちは別世界に住み、独自のアイデンティティを確立し、時には共感を体験することもあります。

法と秩序を徹底的に無視することで知られる『グランド・セフト・オート』のようなゲームでも、プレイヤーは安全な場所からルールのない世界を体験することができます。また、未知の世界観に子どもを誘うことが得意なゲームもあります。たとえば、『ネバーアローン』というゲームは、「ワールドゲーム」と呼ばれています。アラスカ先住民の語り手たちがイヌピアット族の生活や価値観について、プレイヤーに語りかけるのが特徴です。「世界的なスポットライトを浴びていないものの、固有の価値を尊ぶ民族の伝統を取り上げ、世界に知らしめる」。このゲームでは、イヌピアット族ではないプレイヤーも想像力を働かせてイヌピアット族の暮らしにアクセスし、プレイヤーにとって新しい世界観を体験できます。また、イヌピアット族のゲームプレイヤーは、ゲームの中で自らの文化を体験することで、自分たちが注目され、理解されていると感じることができるのです。

想像力を駆使した体験は、自分自身のアイデンティティを裏切っているという恐怖心をもつことなく、ある視点に身を置く機会を与えてくれます。歴史的な記録を読むとき、私たちは通常、自分自身のアイデンティティに根ざしたまま、その内容に感情的に反応します。

一方で、映画や歴史小説、芝居などを通じて想像力にアクセスし、他者の世界観を体験するとき、私たちはその世界観に賛成または反対する必要性を感じません。別の存在方法にアクセスするだけです。想像力によって、人は視点を変え、別の視点から風景を見ることができます（第2章で、絵画における遠近法を取り上げたときに触れたとおり）。

信頼できるか吟味する

クリティカル・シンキングにおける想像力と経験の力には、もう一つの側面がありまず。子どもは賢いです。声に出さない質問をずっと続けています。「この経験、このブランコ、この大人、この感覚、この信念、この家、このデータ、この持ち札、この先生、この視点、このコミュニティは、頼りになるのかな？」**クリティカル・シンキングの重要なスキルは、信頼できるかどうかを「吟味する能力」です。**

幼少期に騙された経験も、同じように子どもの考え方に強い影響を与えます。トランプのトリックや手品がいい例です。これらは子どもたちを困惑させ、喜ばせます。「耳の後ろに25セント硬貨はなかった（あるとは感じなかった）のに、そこにある！　私の目の前で硬貨を作り出したんだ」。突然、「目に映るもの以上のもの」が出てきました。「目で見る」という信頼できるはずの認識方法が、「あり得ないこと」によって、間違っていたのだと証明されます。

サンタクロースや歯の妖精といった西洋の概念は、子どもの想像力を利用した、文化的に受け入れられている作り話の例です。子どもたちは最初、こうしたストーリーや信念が魔法のようで、楽しく、真実味があると感じます。しかし、やがて幻滅します。サンタクロースや歯の妖精の幻想は消散し、空想であることがわかるからです。

子どもの感覚的な観察や信念体系と一致しない現実に、最初に触れるときが強烈な認知の瞬間なのです。見えないところにあるもの、あるいは目に飛び込んでくるものは、子どもにとって忘れがたい印象を与えます。脳は、この新しい情報を自分の世界観に適合させようと奔走します。**「自分が見ているもの、信じているものがすべて信頼できるとは限らない」**というわけです。

どんなテーマを研究していても、有能な思考者は、その議論の中に何が隠されているのかを知りたがります。そのレポートが信頼に足るものであるかどうかを理解したいのです。議論から排除されている内容を、子どもは特定できるでしょうか。名前のないほかの視点に興味をもてるでしょうか。経験の質を吟味できるでしょうか。操作された統計に気づき、それを指摘することができるでしょうか。

これらは、熟練したクリティカル・シンカーが持つ魔法の技です。歴史、社会科学、文学、政治学、心理学、神学、コミュニケーション、言語学、哲学など、特に人文科学におけるアカデミックなトレーニングは、まさにこのスキルを必要とします。

批判されるリビングヒストリー学習

私たちが子どものためにつくる経験は、その子のアイデンティティを肯定するものであるべきで、他者を矮小化するものであってはなりません。健全な学習のための最良の基盤は、一人ひとりの人間の尊厳に敬意をもつことです。歴史的に重要な出来事の多くは、それを経験した人々にとって精神的苦痛となるものでした。その苦痛は、今日も彼らの子孫の間で続いています。経験させたいからといって、それらの人々の苦痛を無視したものであってはならないのです。

教室で歴史的な出来事を再現することは、無礼な行為や歴史的な記録の危険かつ誤った解釈を招く恐れがあるのです。

たとえば、1971年、私が小学校5年生だったときの担任の先生は、クラスでニュルンベルク裁判の模擬裁判を企画しました。先生は私に、ヒトラーの忠実な部下の一人であるヘルマン・ゲーリングの被告側弁護士の役を割り当てました。10歳の私は、彼がホロコーストに参加したことを正当化する理由を見つけなければなりませんでした。弁護士である父と戦争の歴史について話し合い、何時間もかけて『ワールドブック百科事典』を熟読しました。「依頼人の立場に立って考え」ようとしたのです。私は弁護を組み立てました。「ゲーリングは命令に従ったのです」「彼は20年間モルヒネ中毒を患い、合理的な判断ができない状態でした」

しかし、模擬陪審の生徒たちは、600万人のユダヤ人殺害に加担したゲーリングを有罪としました。これがいかに間違った授業であったかわかるでしょうか。私たちの学区では、生徒の80パーセントがユダヤ人だったのです。陪審員席に座るユダヤ人の生徒たちに向かって、私は根拠の乏しい弁明を行わなければなりませんでした。その中には、強制収容所で殺された家族の子孫がいることも知っていました。なんという見当違いな学習体験でしょう！

2021年の冬、ミシシッピ州の中学校のある教師が、生徒たちに作文の課題を出しました。自分が奴隷になったつもりで手紙を書くように、という指導でした。アフリカにいる家族に、農園での生活や雇い主の家族のこと、「日常」の仕事や働いていないときの気晴らしのこと、「ミドル・パッセージ（中間航路）」（奴隷にされた人々が奴隷船に乗せられて大西洋を横断し、200万人以上のアフリカ人が亡くなった）の思い出などを伝えるよう指示が出されました。

この課題を出した教師は、奴隷にされた人々が読み書きを学ぶことを禁じられていた事実や、奴隷の生活体験を間違って解釈していたと言わざるを得ません。このようなでっちあげを生む教室は、歴史上の出来事を偽物に変えてしまう危険性があります。

歴史に対して「すべての出来事には二つの面がある」というアプローチをとることは危険です。すべてのものに二つの面があるわけではありません。奴隷制度や大量虐殺は常に、明らかに間違っているのです。**これらの経験に自分を重ね合わせようとする試みは、少なくともそれを矮小化し、最悪の場合、大きな誤解につながります。**

教室での体験や再現をする教育は、「リビングヒストリー」と呼ばれています。数十年前から教育現場で人気を博していましたが、ここ数年、批判を浴びています。経験は学びを提供しますが、何を学ぶかについては慎重にならなければなりません。この演習に何が隠されているのか、どの視点が考慮されていないのかを問うことが重要です。

文化の尊厳を守りながら学ぶ方法

文化の尊厳を守り、維持する体験方法は、ほかにもあります。その一つは、本で読んだ歴史的な場所を訪れることです。

カリフォルニアに住んでいて、子どもたちがホームスクーリングで学んでいたとき、一緒に奴隷制度や制度廃止に関する本を読みました。シンシナティに引っ越してきたとき、私たち夫婦は子どもたちに、読書をより豊かにする経験をさせる機会だと思いました。1月のある寒い日、私たちは家族でオハイオ州南部をドライブしました。私たちは奴隷制廃止論者で牧師のジョン・ランキンの自宅だった家（ランキン・ハウス）を訪れました。

私たちが史跡を訪れた日、外気温はマイナス9度でした。カリフォルニアから来た私たちは、借りたコートと不揃いの手袋で身を固めました。駐車場から平凡なれんが造りの家まで歩く間、頬に吹きつける風を感じました。ジョン・ランキンが13人も子をもうけたことを考慮すると、非常に小さな家であることが印象的でした。私たちが庭の端にある展望台まで歩いていると、雪が降り始めました。急な坂の上から、脈々と流れる大河に浮かぶ流氷を家族で見下ろしました。子どもたちの一人が、「どうやってオハイオ川を渡って、生き残ることができたんだろう」と叫びました。私たちは畏敬の念に震えながら、前述の勇敢な人々は、どうやって凍死することなくずぶ濡れになりながら丘の斜面を登り、この救命施設にたどり着いたのだろうかと考えました。

私たちは、同胞であるアメリカ人が奴隷制度から逃れるために費やさなければならなかった勇気と労力に圧倒されました。ランキン夫妻が自由への道を安全に進むためにとったリスク、そして徒歩で危険な距離を移動してきた人々のために小さな家を差し出した寛大さを感じ、謙虚な気持ちになったのです。奴隷制廃止について書かれた本を読んだり映画を観たりしても、どれも1月の極寒の日のような衝撃はありませんでした。

経験がクリティカル・シンキングを誘発するのは、それが私たちの感情、能力、想像力を刺激するからです。クリティカル・シンキングのツールキットに経験を加えるとき、私たちは身近なものから神秘的なものまでを見出すことができます。

Lesson 10

内省の質問

強い意見を述べる人には、こう質問するといいでしょう。

- それ（課題、人、テーマ）について、どのような経験がありますか？

子どもにあるテーマについて教える際には、この2つの質問について考えてみましょう。

- このテーマについて、直接的または間接的な経験をしただろうか？
- テーマをより身近に感じるために、想像力を働かせる方法はあるだろうか？

「読むこと」と「体験すること」は、どちらも学習のテーマへ深く関わるための欠かせない方法です。

第10章

出会う

大学院時代、私の人生を変えた授業がありました。教授が初日に素晴らしい講義を行ったのです。それは次のような内容でした。

アメリカの物語はこんなふうに始まります。ニーニャ号、ピンタ号、サンタ・マリア号の3隻の船が危険な海を渡り、クリストファー・コロンブス一行を新天地へと導いてくれました。数年後、もう一隻の船メイフラワー号が、さらに多くのヨーロッパ人を乗せて大西洋を渡り、新世界での自由な社会の礎をつくりました。こうした最初の移住者たちは宗教的迫害から逃れて、すべての人々が平等に扱われ、神から不可侵の権利を与えられ、宗教の自由を推進する新しい政府の土台を築いたのです。

私は話を聴き、思いました。「なるほど、またアメリカの話をするのか」と。

ところが、教授は間を置いてこう言ったのです。**「その船に乗らなかったのは誰だろう？語られていないのは誰の物語だろうか？　今、この教室に座っている人の中で、これがそういう人々の物語でないと知っている人はいますか？」**

ドン！　みぞおちに一発食らったような気がしました。私は、そのような疑問をもったことはありませんでした。実は、私の先祖もその船に乗ってはいなかったのです。私の先祖はアイルランド人で、アメリカに渡ったのは何世紀もあとのジャガイモ飢饉のときでした。しかしどういうわけか、私は最初の移住者たちに共感してしまったのです。

クラーク教授は続けました。「ほかにも船はありました。アミスタッド号のような奴隷船で、奴隷にされたアフリカ人が意に反して海を渡って運ばれてきたのです。彼らは自衛のために反乱を起こしました。奴隷にされることに抵抗したのです。彼らはひどい扱いを受けました。しかし誰がこの話をしていますか？　私たちはこの話を学校で聞いたでしょうか？」

そういう角度から見た話を学校で聞いたことはなかったと思いました。

教授は一息ついて、続けました。


私の祖先は、最初の3隻やメイフラワー号でアメリカにやって来たわけではありません。私は小学校2年生のとき、先生が語る物語は自分には関係ないと思いながら、教室に座っていました。私の祖先は、先ほどお話ししたほかの船で来たのです。確かに奴隷にされましたが、彼らは積極的に抵抗しました。白人の入植者たちは、何もない荒野や新世界に来たわけではありません。北米にはすでに先住民が暮らしていて、独自の社会を築いていました。先住民は追い立てられ、多くの人が殺され、自分たちの土地から追い出されました。一方、先住民の子孫は、自らの祖先の話を聞くことなく、アメリカの学校の教室に座っています。

出会いがクリティカル・シンキングにもたらすもの

教授の話は、私がこれまで聞いてきたアメリカ建国の歴史とは大きく異なるものでした。第1章の『三びきのコブタのほんとうの話』の話と同じように、私は視点の転換を迫られたのです。頭の中を支配していた物語が、真実のアメリカ史だと思っていました。これまで何度も繰り返し聞いたせいです。授業がきっかけで、ほかの語り手にも耳を傾けるようになりました。ほかの視点を加えて思考を拡大し、これまで当然だと思っていた視点を見直しました。

その日は、私の人生においてとても重要な日となりました。私の考え方を変えたのは、読書ではありません。遠足でもなければ、歴史の再現でもありません。その代わりに、私は、教授と彼の小学校2年生のときの思い出という、まったく異なる体験に向き合うよう、つまり「出会う」よう促されたのです。出会いとは、そういうものです。

この「出会い」が、クリティカル・シンキングの機能を拡大する3つ目の方法であり、私はこれがもっとも重要だと考えています。それは、強力で危険なツールです。ナイフのように、退屈な勉強や、当たり前だと思っている漠然とした確信を切り裂きます。出会いとは、そんなナイフのようなもの――私たちの既成概念を切り裂くものなのです。

出会いの結果として得られるのは、啓示、ひらめき、「なるほど！」と感じる瞬間です。出会いは、「初めて知る視点」「初めて経験すること」のように「初めて」を通してその成果を発揮します。ときには、ルールを破ることで、出会いが生まれることもあります。しかし、もっとも強力な出会いは、他人を知り、その人が語るその人自身の物語に耳を傾けるときなのです。

「出会う」という言葉はよく、敵対する相手との接触として定義されます。純情な少女が魔女やオオカミに立ち向かうという古典的なおとぎ話のストーリーを思い出します。また、親切な妖精に面食らい、杖をもつこの妖精が自分の味方か敵か、いぶかしみながら見極めることもあります。出会いとは、未知と「対面」すること。それは危険性もはらんでいます。出会いによる突発的な力で、自分のもっていた確信から引き離され、自分の愚かさや無知を見せつけられます。そのような感情を好む人はいないでしょう。しかし、もし私たちが出会いにこだわり、乗り越えられたなら、素晴らしい物語が生まれます!

出会いは洞察の宝庫。今まで知らなかったことに対する新たな気づき、深い知識、適性、謙虚さ、深い感謝が生まれます。学んだことは記憶に残るだけでなく、個人的に意味のあるものになります。出会いによって、できるようになることが2つあります。個人的な認識を疑うこと、そして、コミュニティの物語を評価することです。出会いは変容をもたらすのです。

出会いによって、学習者は限界に挑戦するようになります。ときには、理解の面でもスキルの面でも、後ろに一歩下がりたくなることもあります。ほかの言語を学ぶとします。初日に、流暢に話せる母語から、幼児のように片言でしかおしゃべりできない別の言語に移行します。出会いによって混乱し、ときには圧倒されることもあります。自然だと思っていたことが、うまくできなくなります。理解していたことが、見直されるのです。出会いは、責任あるリスクを負うこと、不快感に対する寛容さを身につけること、自分自身の考え方について考えること、ほかの生き方や見方を理解すること、そしてわかったつもりになっていたことを捨て去ることなど、さらなるクリティカル・シンキングのための戦略を育みます。

出会いにはさまざまな種類がありますが、ここでは出会いを誘発する3つの方法を見てみましょう。

- 初めてに挑む
- ルールを破る
- 人に会う

初めてに挑む

新しいものの力を軽視してはいけません。私たちの脳は目新しいものが「大好物」です！　新しさは、あらゆる種類のおもしろい内的考察を引き起こす鍵です。初めての体験は、思い出をつくります。勇気を振り絞って、未知の世界に足を踏み入れるよう促されます。「初めて」の体験は、リスクの可能性も高めますが、問題解決能力を高めることにもつながります。それだけではありません。新しいことへの挑戦によって、次のチャレンジへの意欲も高まります。

新しいものを受け入れるために必要なクリティカル・シンキングのツールは、思いきって行動する意志です。教育者のアーサー・コスタは、彼の提唱する「16の心の習慣」で、質の高い思考者とは、能力の限界まで自分を追い込む人であると述べています。それはコスタが言うところの「責任あるリスク」を取る人です。このような思考者は、高度な柔軟性、自発性、失敗の可能性を必要とする経験をみずから選びます。また、そのリスクを見極めるために、これまでの経験や背景情報を活用します。彼らは想像力を臨機応変に駆使し、革新して、広げます。ビデオゲームのほとんどは、この範疇といえます。新しい挑戦とレベルアップが、出会いを継続させます。レベルアップに必要なスキルは、これまでのスキルの積み重ねであるため、挑戦的でありながら手の届く範囲にあります。

またほかにも、強烈な「初めて」の体験例として、スキューバダイビングのライセンスを取得する、動物を保護する、コードを書くオープンソースのゲームコミュニティへ参加する、交換留学生になる、模擬国連へ参加する、楽器の演奏を習う、バックパック一つで旅行する、起業する、舞台で演じる、ロケットを作る……などがあります。冒険を求める子どもは、リスクをうまく管理する能力を養います。このようなリスクを体験した結果、学ぶ具体的なスキルはさまざまですが、自信を深め、プレッシャーの中で問題を解決し、他者と協力して作業し、新しい思考や戦略を試そうとする意欲が芽生えるのです。

しかし、初めてのことに踏み出すときには、注意しなければならないことがあります。一度きりの「初めて」は、誤解を与える可能性があります。**ある出会いが強力な再考のツールになるのは、それを長期にわたって持続できる場合です。**

私の息子は、まさにこのような状況の素晴らしい例を示してくれました。彼の友人の一人が、ルース奨学生としてインドに滞在しました。奨学生としてニューデリーで迎えた最初の日、街の通りの真ん中を象が歩いているのを見たそうです。彼が最初に思ったことは？「いかにもインドだ」。アメリカ人としての人生でこれまで耳にしてきた固定観念から、パッと浮かんだイメージでした。しかし、皮肉なことに、1年間のインドの暮らしで、象が通りを歩いているのを再び見ることはありませんでした。継続してインドと接している中で、何が普通で何が普通でないのか、さまざまで複雑な理解ができるようになりました。象が通りを歩くのは珍しいことだとわかったのです。

一枚のスナップ写真は出会いではありません。見当のつかない瞬間です。放っておくと隠れた偏見や思い込みを助長することになりかねません。子どもが初めてのことに取り組むときには、たった一つの出来事はその出会いの範囲ではないと言い聞かせることが重要です。すぐに結論を出す必要はありません。一日目は、時間をかけて出会う関係の始まりなのです。

ルールを破る

ルールを破るということは、元々の習慣や思考パターンとは異なる関係を誘発することです。このような出会いは、思考の癖を大きく崩します。

できそうな「ルールを破る」出会いをいくつか紹介しましょう。

- まず絵本の最後のページを読む。そして質問する。「読み始める前に、最後のページを読んだら、物語の何がわかる？　この本は何について書かれていると予想する？」それからその本を最後まで読んで比べてみる。別の本で、任意のページだけを選んで先に読み、もう一度質問。「ちょっとだけ読んでみて、この物語について何がわかる？」。本を読んでから質問。「わかったと思っていたことは正しかった？」
- 本の最後のページを最初に読み、そこから1ページずつさかのぼって読む。どんな感じ？

■映画の悪役をヒーローに変えて、物語を自分の言葉で再現する。ヒーローを悪役に変えて、物語を自分の言葉で再現する。

■分母が揃っていない分数の足し算をする。2つ目の分数を反転させずに分数の割り算をする。小麦粉と計量カップを使って分数の問題を実演してみる。これらの「ルールを破る」方法を従来のプロセスと比較したとき、子どもたちは何を学ぶか？

■別の歴史を想像する。もし奴隷貿易がなかったら？　もし連合国が第二次世界大戦に負けていたら？　もし女性が憲法を書いていたら？　何が違っていただろうか？　これらは、少し調べる必要があるかもしれません。

■ゲーム（ボードゲームやオンラインゲーム）に負ける新しい方法を見つける。いくつ見つけられる？

■社会問題について考える。もし私たちが、「同一労働同一賃金」は重要でないと判断したらどうなるか？　もし、ある経営者が、家族の人数に応じて賃金を支払うと決めたとしたら、子どもが5人いる人は、子どものいない従業員よりも多い賃金を受け取ることになるか？　そうすると、家族の規模や労働者の仕事に対する考え方がどう変わるか？

■詩を散文にする。散文の一節を詩にする。

■ パンかケーキを焼く。レシピの一部の材料だけを2倍の分量にし、ほかを半量にする。何がわかるか?
■ バスケットボールのようなスポーツのポイントを変更する。バンクショットは5点、ダンクは1点、フリースローは4点。それによって、ゲームの戦略がどのように変わるか?
■ 子どもが同意する意見をインターネットで探す。反対の視点から書き直すよう伝える。
■ 「ぼく」を「わたし」に変える。子どもは何を発見するか?

人に会う

他者は「フリーラジカル（対をなさない電子を1つかそれ以上もつ原子または分子。不安定で反応性が高い。反応や分解の中間体として存在していることが多い）」であると私は考えます。私たちの期待通りに振る舞うことはありません。他者は、独自の複雑なアイデンティティ、コミュニティの物語、そして認識をもっています。そして、同じ刺激に対して、自分とは異なる価値観に基づき反応します。一見私と同じ意味づけをしているように見えても、よく確認してみると、同じ情報源を利用しているわけではありません。

心を育てる一番の近道は、いろいろな人に会うことです。

小説を読む、ブログをフォローする、映画に出ている俳優を見る、ＴＥＤトークや講演を聞くなど、まずは間接的な体験から始めるのが簡単です。その人のストーリーや世界観を目の当たりにすることで、自分の反応をコントロールする必要もなく、相手の人生の展開を見ることができます。相手の気分を害する可能性を心配することなく、耳を傾け、自分の否定的な態度や話の展開に気づくことができます。不安に感じることや新しいことに適応するためのプライバシーと時間があるのです。

一方で、もし現実の誰かと直接出会う機会があるなら、会いましょう。信心深いとはどういうことなのかもっと知りたい、難民の経験を理解したい、宇宙物理学者はどのように働いているのか知りたいなら、その人と親しくなることが最善かつもっとも直接的な方法です。人の数だけあるたくさんの視点が、見つけられるのを待っています。

子どもの国際理解力を高めるには、家族や地域社会とは異なる考え方をする人たちから子どもを遠ざけたいという思いに負けないことが大切です。むしろ、他者との関係を築くことで、固定観念に縛りつけられる傾向を減らすことができます。また、誰かの料理の作り方を学んだり、自分に安らぎをもたらす信念を発見したりといった、生きるための新しいスキルを得ることもできます。

子育てをしているときにやってしまう可能性のある失敗として、子ども自身のアイデンティティを強く意識させるあまり、子どもが自分とはまったく異なる世界観をもつ人々と出会ったときに、受け入れる準備ができていないということがあります。幼児も10代の子どもも、自分とは異なるライフスタイルや信念を学んでから、他人と接することが重要です。

私は、ホームスクーリングで学んだ我が子が、10代の子どものためのシェイクスピア劇団に参加したときのことを覚えています。その初日、子どもたちは、異なる民族、宗教、政治観、そしてさまざまな性自認をもつ新しい友人たちについて、たくさんの質問を抱えて帰ってきました。4年間続いたその出会いが、結果的に成長の大きな試金石となりました。

直接人と接するとき、私たちが賛同するか反対するかは関係ありません。人間関係は、小論文のテーマではないのです。**人との出会いで大切なのは、「寛容さ」というクリティ**

カル・シンキングのツールを身につけることです。しかし、最初に断っておきます。私はこの言葉を、皆さんが今まで聞いたことのある表現とは違う意味で使っています。

寛容さは「出会い」に必要不可欠

人生において、一緒に過ごす人にもっていてもらいたい資質に「寛容さ」があります。私たちは、理解されたい、批判されたくない、受け入れられたいと思っています。しかし、人間は、自分が選んだコミュニティの外にいる人々に出会ったとき、すぐに同じように寛容にはなれません。それでも、アメリカ人を対象とした意識調査をすると、多くの人が肯定と否定の間に位置する、ちょっとした心の広さを強く望んでいることがわかります。そして、国民性に欠けている重要な資質として、寛容さや思いやりを挙げるのです。

もし、私たちがお互いをそれほど批判しないことを望みさえすれば、違いに対する不安は和らぐだろう、と考えられています。親は、恵まれない人たちや違う宗教を信仰する人たち、あるいは「変わり者」に見える子に対してより寛容になるよう、子どもに呼びかけます。教育者は、共感力を身につけさせようと、子どもたちにさまざまな経験をさせます。10代の子どもたちには、別の視点についてより深く理解できるように教えます。政治的、文化的、宗教的アイデンティティの二極化は、深い溝と不信を生み出しましたが、その解決策として、私たちは寛容さに固執しているのです。それはまるで、「対極にいる」人間に対して深い苛立ちや不満を抱えながらも、互いに礼儀正しくあろうと必死で耐えているようなものです。

それにしても、私にはその目的が的外れなように思えます。自分とは違う人とわかり合うために必要なスキルとは何でしょうか。**クリティカル・シンキングに必要な「寛容さ」は、「相手」を許容する能力ではなく、「自分自身の不快感」を許容する能力です。**つまり、自分の身体の反応や、とっさに身構えるような思考、自己防衛のために生み出す固定観念に気づくことです。自己認識が鍵になります。

私はモロッコで、出会いがもたらす変革の力を示す素晴らしい体験をしました。もちろん、海外生活そのものが、言葉、食べ物、買い物の仕方、友達のつくり方など、出会いの延長線上にあります。特に、自分の違和感に寛容になることが洞察の突破口になった例として、ある体験が思い浮かびます。

私は、町から数キロ離れた地域に住んでいました。繁華街へ出るには、タクシーに乗るのが一番便利でした。タクシーに乗るために、近所の人たちはタクシーの看板の下に集まっていました。初めてタクシーに乗ろうと考えたとき、私は乗り場に近づいて、その列と思われるところに立ちました。私の前には3、4人の人たちが集まっていました。タクシーが到着したとき起こったことにはびっくりしました。列の先頭にいると思っていた人が、タクシーに乗らなかったのです。その人は押し退けられ、後ろにいた別の女性が飛び出してきて、ドアの取っ手をつかみ、「下がって」とまわりに叫びながら、娘を引きずってタクシーに乗り込んだのです。私は動揺しました。とっさに感じたのは、混乱と怒りでした。「どうして、この人たちは順番に一列に並べないの？　身長157センチの私がどうやってタクシーを拾うの？」。私は縁石から身を引き、そのタクシー乗り場に1時間立っていました。到着するタクシーのドアに次から次へと人が殺到し、我先にと乗り込んでいくのを眺めていたのです。

私は混乱しました。ほかの人と争う勇気が出ませんでした。でも、町には行かなければならなかった。「出会い」でした。完全にお手上げ状態。ちゃんと列をつくって並ばないと、と反論したって無意味です。頭の中で同じ戦いを繰り返し、そのたびに負けました。「こんなのおかしい。誰かがこのカオスを止めなければ」。しかし、今後タクシーを利用したいなら、自分の意見は抜きにして、現実に向き合わなければなりません。ショックを受けて悶々と考えながら立っていた私の腕を、モロッコ人の友人が突然つかみ、私をタクシーに押し込みました。その間、私は心の中で、このタクシー獲得作戦はおかしいと叫んでいました。あなたが列に並んで順番を待つ文化圏の人なら、あなたも今、同じことを考えているはずです。

私が学ばなければならなかったのは、モロッコのシステムに寛容になることではなく、「私にとっては奇妙な」彼らの生活様式に優しい気持ちで頷くことでした。良くも悪くも、そのシステムがその国のタクシーをつかまえる方法でした。私が学ばなければならなかったのは、彼らのやり方に対する「私の」不快感をどう許容するかということでした。私は、込み上げる私の怒り、「非論理的なシステム」だという私の判断、「順番待ち」方式のほうが優れているという私の独断に対して、寛容になったのです。そして、タクシーの乗り方を学びました。つまり、攻撃的になること、他人の体にぶつかること、大声を出すこと、自分のやり方を通すことなど、さらなる不快感を許容したのです。

数カ月が経ち、私はタクシーをつかまえるのがうまくなりました。妹がモロッコにやってきました。タクシー乗り場まで歩きましたが、私は妹に心の準備をさせるのを忘れていました。大勢の人たちが集まっていました。このシステムにはやはり目に見えない秩序があることを、私は数カ月の間に学んでいました。最初に来たタクシーには乗らない。とはいえ、誰かが順番を譲ってくれるのを待つこともしない。2、3人が先に乗ってからタクシーに飛び乗るという、絶妙のタイミングを発見したのです。今がチャンスというとき、妹の腕を引っ張ってタクシーに押し込むと、妹は「何してるの！」と怒鳴りました。私はほかの人が乗れないように遮りながらドアを開け、アラビア語で叫びました。「下がって！私の番よ！」。すると、まわりの人が折れ、私たちはうまく乗り込んで、繁華街へと向かいました。妹のエリンは、たった数カ月前の私と同じようなショックを受けていました。何が起こったのかと、妹はすぐに尋ねました。私は、自分がこのシステムをもはや恐ろしいものとは思っていないことに唖然としました。

実は、タクシー乗り場で何度も遭遇するうちに、ある発見をしたのです。遅刻しそうなとき、ドアの取っ手に手をかけながら、「もう行かないと！」と叫ぶと、そのタクシーに「乗るべき」人よりも「先に」乗せるために群衆が引くことがよくあるのです。小さなことですが、アメリカではめったにないことです。個人的な事情を問わず、私たちアメリカ人は、たとえ遅れることになっても自分の番を待たなければなりません。それだけでなく、私は場所を取り、順番を叫び、男性を押し退ける、たいてい顔を覆っている女性たちに敬服するようになりました。このことだけでも、私がイスラム教の女性について知っていると思っていたことのすべてが、完全に否定されたのです。

寛容さとは、高慢な態度で他人を見下すことではありません。自己を認識し、自分の不快感に耐え続けた結果、目の前の物事をありのままに見ることができるようになり、そこから学ぶことです。自分自身のコントロールできない感情や思考を許容できれば、出会いは変容的なインパクトをもたらすのです。

私は、ローマ教皇フランシスコが教皇職を開始する際、「優しさの革命」と名づけた活動を行ったことを思い出します。そのメッセージの核心は、「私たちは無関心に慣れてしまった」ということでした。その無関心を後押ししているのが「距離」です。他者から遠く離れることを選び、集団についての物語をでっちあげ、彼らに会う代わりに彼らについて読むということです。相手を知りもしないのに自分たちは「寛容」だと言うこともあります。互いに責任感をもち、つながりを深めるためには、観念形態的な寛容さではなく、互いに顔を合わせる出会いの文化が必要なのです。ローマ教皇はＴＥＤトークでこう語りました。**「立ち止まり、見て、触れて、話さなければ、出会いをつくることはできないし、出会いの文化をつくるお手伝いもできません」**

立ち止まり、見て、耳を傾け、学びながら、自分の不快感を許容しようとする姿勢が、他者との出会いを促進するのです。出会いとは、相手の生き方を肯定したり、否定したりすることではありません。むしろ、洞察を生み、理解を得るための機会なのです。

Lesson 11 挑発的な質問と多様性のあるコミュニティ

この練習は、「好奇心がキラキラ5～9歳」「パッと通じる10～12歳」「シャープな頭脳の13～18歳」のどの年齢でもできます。質問の成熟度は、子どものことをよく理解した上で調整し、年齢に応じた資料を使用してください。

挑発的な質問

ホームスクールで学ぶ私の娘がアメリカの歴史の勉強を始めたとき、アメリカについて男性の視点から語られるのは聞き飽きたと言い出しました。アメリカの建国と継続的な発展において、女性はどのような役割を果たしたのだろうか、というのです。

私は、独立戦争から21世紀までのアメリカの女性たちが書いた手紙の原文をまとめた本を見つけました。リサ・グルンワルドとスティーブン・アドラーが編集した『Women's Letters(ウィメンズ・レターズ　歴史を生き、そして歴史をつくった女性たちの言葉)』です。これらの手紙は生の報告、つまり歴史的な調査において重要なツールです。私たちは、多くの女性の手紙を読みました。

すると、重要な問いが生まれました。「建国時に手に入らなかったもので、女性が望んでいたものは何だろう？」「有色人種の女性や先住民族の女性は、女性の権利運動にどのように関わっていたんだろう？」。これらの手紙は時代を超えて、私たちに直接語りかけているように感じられたのです。

子どもたちは、歴史について語る物語や文学の中で、また政治や社会運動を通してさまざまな人々と出会う機会があります。私たちは、現状のコミュニティの物語を覆すような質問を投げかけることで、彼らとの出会いを誘発することができます。

たとえば、アメリカ合衆国におけるヨーロッパ人の入植期間について教えることを想像してみてください。「常に真実である一つの物語」など存在せず、ほかのすべての説に真実味がないというわけではありません。

まず、あなたが現在知っている物語を朗読してから、次のような観点の質問を投げかけてみましょう。

■ 質問「誰が物語のこの説を語っている？　主役は誰？」

■ 追加質問「この説で名前が挙がっていないのは誰？　彼らについて知っていることはある？」

■ 疑問「最初の探検家たちの目的は何だったのだろう？　北アメリカの開拓を委託する権限は誰にあったか？　誰がその権限を認め、誰が認めていないのだろう？」

■ 質問「最初の入植者の使命は何だった？　誰が得をして、誰が得をしなかった？」

■ 考察「誰がどんな基準で、どの人を歴史上の英雄と決めるのか？　誰がどんな基準で、どの人を歴史上の悪役と決めるのか？」

■ 質問「この物語では、誰の声が無視されているか？　誰の声が増幅されているか？」

■ 疑問「この物語のこの説で推進されている根本的な価値は何だろう？　それは誰によって？　その価値観のどこがいいのか？　何が限定的になっているか？」

これらの質問に答えることによって、子どもは自分の感情を観察することができます。

次に、子どもが自分の考えを自覚するために必要な質問をいくつか紹介します。

■ 疑問「何が真実であってほしい？　それはどうして？」

■考察「何が真実であると怖い？　なぜ物語のその説を恐れている？」
■質問「この物語の説は、あなたの説をどのように肯定し、またはどのように害する？」
■確認「今、体の感覚や感情に注目している？　それはどのようなもの？」
■関連「その感覚や感情の原因は何だと思う？　それをどのように説明する？」

このような質問は、トピックとの出会いを促します。

次に、別の視点から歴史を再現しましょう。ほかの語り手にシフトすることで、物語の構造さえも変わるかもしれません。たとえば、アメリカ先住民族は「アメリカ大陸発見」という物語をもっていません。右記の質問を使えば、物語のこの見方に対応する質問をつくることができます。

多様性のあるコミュニティをつくる

「出会い」は、原著でも、テレビ番組でのインタビューでも、直接の面会でも、できれば一対一の視点で伝えられるのが一番いい形です。そのためには、子どもたちの生活に「多様性のあるコミュニティ」をつくることをお勧めします。

■手紙、日記、原稿、航海日誌、記録、報告書などで歴史を学ぶ。

これらのうちのいくつかを子どもの教育に活用するだけでも、生徒が歴史の中の「実在の」人物に会うのに大きな役割を果たします。インターネットを活用して、これらの記録の写真を探してみましょう。ほとんどの場合、手書きの文字を見ることで、歴史的な公式発表のもつ力を個人的なものにすることができるのです。私は、ワシントンDCで独立宣言の正確な複製を直接見たときの衝撃はよく覚えています。原稿の大きさも、ジョン・ハンコックの署名も、それまで見てきたものよりずっと大きいとは思いもしませんでした。

その直接の体験は、子どもたちと一緒に解き明かす価値のある心理的効果があります。

■ドキュメンタリーを見る。

歴史上の人物や出来事に出会うための有効なツールです。できれば、オリジナルの映像や、遺跡の発掘を扱ったドキュメンタリーを探してみてください。これらの作品は、歴史上の出来事に、視覚的な背景を与えてくれます。子どもの年齢を考慮することが重要です。映像によってはトラウマになることがあります。

■自分とは似ていない人と友達になる。ほかの国出身の一家に会う。教会を訪れる。交換留学生を受け入れる。自分の政治的、宗教的信条を中心としないコミュニティの活動に参加する。旅行する。新しい言語を学ぶ。

＊＊＊

新しい思考を呼び起こすには、違いに直接触れることが一番手っ取り早い方法です。子どもたちが複雑さや違いを乗り越えるのを手助けする場合、あなたは多様性のある世界に参加する力を身につける方法を示します。違いを受け入れられるようになればなるほど（これは同意することとは違います）、彼らの思考はより高度なものになるでしょう。

読書や体験、出会いの中で表面化する「違い」の複雑さに取り組むときが来ました。自分の価値観や習慣、信念と相反する考え方や視点をどのように評価すればいいでしょうか。学問的な課題は、子どもたちに何を求めているのでしょうか。第3部では、それを解明しましょう。

第3部

修辞的想像力

「想像力」から私が連想するのは、ごっこ遊び、フェイスペイント、おままごと……。思い浮かべると、人生が複雑ではなかった年頃を思い出して感傷的な気持ちになります。研究論文や実験報告書について語るとき、想像力が問われることはどれほどあるでしょうか。少ないです。かなり少ない。しかし、もっと問われてもよいのではないでしょうか？　教育改革者であり、学習に関する既成概念に異議を唱えるベル・フックスは、教育における想像力の役割について、特に深い理解を示します。

私たちは、小さな子どもが想像し、絵を描き、空想の友人をつくり、新しいアイデンティティをつくり、心の赴くままに行動することを良しとする世界に生きています。ところが成長するにつれ、想像力は危険なもの、知識の習得を妨げる可能性のあるものとみなされます。「学習のはしご」をのぼっていくほど、想像力のことは忘れるよう求められるのです（芸術の研究、映画制作などクリエイティブな道を選択した場合は別）。

学問における想像力がこのように小さなものになってしまったのは、第3章で取り上げたパウロ・フレイレの「説明病」、つまり、学問的成功が、繰り返し、蒸し返し、論じる（論争する）能力を身につけてなし得るものになってしまった結果かもしれません。

しかし、クリティカル・シンキングにおいては、想像力は重要な役割を担います。第1部と第2部では、語彙、語り手、深い観察、データや情報源の吟味、アイデンティティの形成、読書、経験、出会いといった、クリティカル・シンキングの基礎となる側面について学びました。第3部で見ていくのは、自己認識度の高いクリティカル・シンカーに不可欠な、私が「修辞的想像力」と呼ぶ特性です。**この想像力を発揮する子どもは、創造的、分析的、そして共感的に学問のテーマを探求しています。仮説、評価、解釈、問題解決を行い、さまざまな競合する視点を一度に、かつ冷静に検討するのです。**このような想像力豊かな思考者は、ある問題について、最新の知見だけでなく解釈や研究の傾向の意味も含めて、俯瞰でとらえようとします。科学でさえも、修辞的な想像力の恩恵を受けています。重大な発見や洞察は、データをとり、その用途や効果を想像することから生まれるため、「科学的な研究においては、創造性とクリティカル・シンキングが特に重要」です。科学とは、単に証明されるべき事実の集合ではなく、探求と発見のための道筋なのです。

「修辞的想像力」の**「修辞的《レトリック》」**も、再定義が必要です。レトリックとは、学問の高度化、つまり、より優れた語彙、議論、洞察力を意味するとされています。Googleで検索して見つけたある定義には、正直なところ、爆笑しました。

「レトリック：聴衆を説得したり感動させたりするために作られた言葉だが、意味のある内容や『誠意に欠ける』とみなされることが多い」（鉤括弧強調は著者による）

どういうこと？　「誠意に欠ける」？

我慢できませんでした。気がつくと、私は最大限の皮肉を込めてメモ帳になぐり書きしていました。「教育の修辞学的段階、つまり、それが誠実さを欠く学習段階」。認めたくはないけれど、そう感じることもあります。高校や大学では、教えられたことについて誰がどう感じるかに関係なく、学習は大きな輪をジャンプしてくぐり抜けるように扱われます。説得力のある議論をしなければならないというプレッシャーは、洞察の可能性を奪うほど強調されます。その結果、すでに信じていることや、証明しやすい立場を主張する論文を書き上げるのです。

それでいいわけありません！　きっとあなたもそうでしょう。

私は10代の若者に接する仕事をしていて、彼らが関心を「傾ける」ときに発揮される洞察の力に何度も驚かされています。地球上で過ごしてきた時間が短いからこそ、想像力を働かせてテーマに没頭することで、革新的な思考や斬新な切り口を生み出すことがよくあるのです。では、学生がそのような意識をもった探究に入り込むにはどうしたらいいでしょうか。

私は、過去20年間の研究の中で、一巡して芸術の世界に戻ってきました。第4章で述べたように、私は絵を描くことを通して、本のページ上にイメージを正確に表現するためには、異なる見方を学ばなければならないことを発見しました。

『脳の右側で描け』の著者であるベティ・エドワーズは、私たちの頭の中には「こう見えるはずだ」というメカニズムが働いていて、目の前にあるものを実際に「見る」ことを妨げていると説明しています。エドワーズは、写実的に描こうとする人に、実際にそこにあるものを「見」たり「感じ」たりするには、自分が知っていると思っていることを捨てることだと言います。また、生徒が描こうとするイメージを逆さまにして、新しい視点が生まれるように助言します。エドワーズの方法論を実践するうちに、名もない線や輪郭に魅了され、「口」や「鼻」といったラベルを貼るのではなく、その関係性に注目するようになったことに気づきました。驚くことに、絵に対する私の精度は急上昇したのです。**「正解を求め」ようとする思考から、「知覚し、洞察し」ようとする思考に切り替わったのです。**

これは、本を読んだり、歴史から物語を学んだりするたびに、私たちが生徒に求めていることです。生徒たちには、自分が知っていると思っていることを捨て、新しい何かに心を開いてほしい。その新しいこととは、必ずしも間違った考えを正すことではありません。むしろ、知っていることを豊かにし、広げる機会であり、テーマと思考者の相関関係に気づく機会でもあるのです。私たちの目標は、子ども、特に10代の子どもが、真実だと思い込んでいることや期待していることから、飛び出していけるようにすることです。子どもを修辞的な想像力の中に引き込むということです。第3部では、子どもがそのような経験をするためのさまざまなプロセスを紹介します。

この教育段階にある生徒は、あらゆる関係性を想像しながら学習する環境があれば、よく成長するでしょう。たとえば、次のような想像です。

- 書き手の視点で人生を想像する。
- 時代を想像する。
- 標準的な生活と王室の生活、そしてその違いを想像する。
- 苦悩を想像する。
- ある場所について読むだけでなく、「その場所に生まれた」ことを想像する。
- 身体的な感覚、天気、季節を想像する。
- ある概念がほかの概念と関連づけることができるかを想像する。
- 私にとって自分の考えが神聖であるように、相手も自分の考えが神聖であると想像する。
- 統計は正確であると同時に誤解を招く可能性もあることを想像する。
- 幼少期の体験が、大人になってからの選択に影響を与えることを想像する。
- 知ることには限界があることを想像する。
- 視点がもたらす影響、その恩恵と責任を想像する。
- 聴衆を想像する。
- 自分のやり方が唯一または最善の方法ではないことを想像する。

- 書き手が間違っている、あるいは誤解していると想像する。
- 書き手が正しい、あるいは誠実であると想像する。
- もっと知ることができると想像する。
- その時代には迷信があったと想像する。
- その時代は、今は失われてしまった真実にアクセスしていたと想像する。
- ある理論を検証するための研究プロジェクトを想像する。
- 古い問題を解決するための新しい方法を想像する。
- 二つの分野が交わることで、新しい解決策が生まれることを想像する。
- 退屈な事実に命を吹き込む作り話や物語を想像する。
- ありのままの歴史を想像する。

若く素晴らしい人たちがクリティカル・シンキングのスキルを身につけられるように、私は高校の学習範囲と計画を見るのをやめました。それよりも、人間の視点がどのようにできていくのかに興味をもちました。思考を生き生きとさせる力は何でしょうか。なぜ、自分は正しく、他人は間違っているという結論に至るのでしょうか。私は、評価よりも知覚に興味をもつようになりました。また、コミュニティへの忠誠心や帰属意識の影響も気になりました。直感、洞察力の生成、思考の一致、そして、直感が与えた影響について掘り下げて考えました。

どうしたら生徒が「納得する」のではなく「魅了される」ようになるのでしょう。何が人の意見を形成し、結局のところ何が説得力をもつのでしょうか。隠喩や直喩、共通点や類似性を見つけるように生徒を導くにはどうしたらいいのでしょうか。自分の思い込みに照らし合わせようとせずに、ある視点を理解できるでしょうか。たった一つの視点に対する防御ではなく、さまざまな視点に対する好奇心をもって、調査を行うにはどうすればよいでしょうか。読んだもの、経験したもの、出会ったものを、細やかな感覚と自己認識をもって解釈できるでしょうか。

当然ながら、こうした能力は時間の経過とともに発達します。幼い子どもは、10代全般の子どもに比べると、総体的なものの見方は未熟です。しかし、第3部で紹介する年齢に応じた活動を通して、小さな子どもにも複数の見方や知り方についてよく考えるよう促すことができます。とはいえ、この先の数章の主な焦点は、10代の子どもが高校やその先に進むための準備として利用するプロセスです。

生徒と一緒に学問的な課題に取り組むとき、学習のゴールは単に大学に合格することでも、給料の良い仕事に就くことでもないことを忘れないでください。活気に満ちた教育とは、少なくとも、意味の探求、コミュニティの価値観と照らし合わせた個人的見解の区別、科学的研究とデータの評価、考察するためのより多くの情報の追求を指しています。思慮深い人間であるためには、自己と対象との間の動的な交換を意識することです。

修辞的な想像力は、発明や洞察の帆に受ける風のようなものと私は考えています。つまり、ともすれば見過ごしてしまうような思考を解放し、共感や気づきを成長させるものです。どのような分野でも、その恩恵にあずかることができるはずです。修辞的想像力は、今あるものから、あり得るものへと私たちを引き上げてくれます。見たり、想像したりできるまで、私たちはそれを理解したり、評価したりすることはできません。ベル・フックスの教えに従いましょう。「教師が教室で自由な想像力を羽ばたかせるとき、変革を起こす力をもった学びの場が広がるのです」

第11章

自己認識の驚くべき役割

このようなことがあるとします。あなたは、ある話題についてもっと知りたいと思いながら会話をしています。すると、会話の相手は、あなたが確信していることを否定するような考えを口にしました。何が起こりますか？　顔がこわばる？　胃のあたりが落ち着かない？　恥ずかしさが熱い溶岩みたいに押し寄せてくる？　もしその人が「聞く耳をもって」と言ったら、あなたはそのとおりにできますか？　その場ですぐに？　ほとんどの場合、私たちは自分の身体の反応を無視し、頭の中ではそのテーマに対する自分の考え方を擁護する主張を勢いよく並べ始めます。

あなたの視点が酷評されているとき、何が起こりますか？　脈拍は？　怒りで顔が赤くなりますか？　アドレナリンが放出されますか？　あなたの頭の中では、相手が提示する証拠についてどんなストーリーができあがっているのでしょうか？　無意識に相手の情報源を疑ってしまいますか？　もしあなたが余分な手間をかけて実際に証拠を調べ、誠実さの賜物によってそれが正確であり、会話の相手が正しかったという結論が出たら、今度はどうしますか？　神経を静めることができますか？　自分の誤りを認めますか？　自分の考えを改めますか？　もし、あなたがその誤っていると判明した立場に、すでに多くの心と時間を費やしていたとしたらどうでしょう？　もし、あなたがその考えに基づいてライフスタイルや経済的な決断をしてきたとしたら、その間違いが何を意味するか想像してみてください。

もしあなたが、この新しい証拠と相反する信念に傾倒しているコミュニティの一員だとしたら。あなたは、この新しいデータに沿うように自分の意見や習慣を修正し、簡単に前に進むことができるでしょうか。

カリフォルニア大学ロサンゼルス校の学部生だったころ、私は論文を書いていて、このジレンマに陥りました。自分の論文の妥当性を確認できると思っていたし、確認したのですが……ある重要な資料で、私の主張と相反するものに出会ったのです。顔面が熱くなりました。自分がさらし者にされたような気持ちになりました。この新たな事実に、私の確信を邪魔してほしくないと感じました。

この問題に対処するために、論題を変更したり、論文を書き直したりしたかって？　いいえ、しませんでした。私はただ、その都合の悪い証拠を見なかったことにしたのでした。そして、その証拠なしで論文を書きました。

研究者は、このような思い込みを**「ダチョウ効果」**と呼んでいます。私は砂の中に頭を突っ込んで、気に入らないデータを無視することを選びました。なぜ、そんなことをしたのでしょう？　論文の目的は、学ぶことではなかったのでしょうか？　どんな力が働いて、私は意図的に「学ばなかった」のでしょうか？　この章では、この疑問について考えてみたいと思います。どのようなテーマであれ、あらゆるデータに公平に耳を傾ける力を止めるものは何なのでしょうか。

「オープンマインド」より「自己認識」

クリティカル・シンキングの手段として、私が調べたほぼすべてのリストでもっともよく挙げられていたのが、「オープンマインドであること」です。私はこの言葉を目にするたびに、笑ってしまいます。そんなことができるのでしょうか。オープンであることとは、広々とした空間を意味します。しかし、私たちの頭の中には、自分を守るための視点がぎっしりと詰まっています。感情、思考、アイデア、経験、信念が詰まった頭の中の図書館を整理して、新しい概念、特に大切にしている視点を覆そうとする概念を収める棚を確保するのは、本当に大変な作業です。それよりも、「フルマインド」を心がけることが大切です。

「偏見のない心《オープンマインド》」をもつとは、自分の感情、思考、身体感覚、コミュニティのアイデンティティとそのコミュニティに対する忠誠心、そして確立された善悪の感覚を、研究対象から意味のある形で切り離すことができるということです。実は、人間はそれが得意ではありません。かなり苦手と言っていいほどです。私たちの思い込みは歯止めがきかず、思考を支配します。うまくやりなさいと言われても、それは無理な話です。私たちは、真実だと信じていることと相反する考えを受け入れるように自分を説得するのが苦手なのです。心を開くには、何か別の意向が必要です。

クリティカル・シンキングの世界で、これまで述べてきたスキルの恩恵を受けるためには「オープンマインド状態」が重要なのではありません。重要なのは「自己認識」です。自分自身にカメラのレンズを向けないのであれば、調査、思いやり、アイデンティティの観察、出会いのすべてが、結局は先入観を補強するに過ぎません。なぜそうなるのでしょうか？　それは、私たちが自分の思考の癖に忠実だからです。自分の思考の部屋を好きな色で飾り、座り心地のよい大きな椅子に座りながら、よくまとめられた意見を楽しむのです。「心を開いてほしい」ということは、「お気に入りの書斎を改装してほしい」というようなものです。

熱狂的なファンがいるスポーツイベントを見たことがあるでしょうか。レフェリーが疑わしい判定をした瞬間に、どのファンがその判定に賛成し、どのファンがその判定を認めないかを、正確に予測するのは簡単です。論理はほとんど関係ありません。勝利するチームと自分を重ねる気持ちが、根拠に対して心を開く能力を上回っているのです。ファンは、その根拠がレフェリーの裁定のとおりである理由、または裁定に反する理由を情熱的に説明しようと、即座に論理的なストーリーを作り上げます。ファンに「オープンマインド」を求める？　やめてください！　無駄なことです。

当然ながら、自分が客観的であることを誇りに思っている人は存在します。彼らは、事実が応援するチームに損害を与える場合でも、「レフェリーは正しかった」とか「私がどう思おうと、その事実は正しい」と発言します。私たちのほとんどは、リスクが少ない場合は、根拠に屈することができます。「今使っている洗剤よりもっと洗濯物を白くしてくれる洗剤」があるときなどです。

しかし、利害関係が大きい場合は、話は別です。もし、あなたの家族が漂白洗剤の会社を経営していて、子どものころからその会社の製品を使っていたら、他社の洗剤のほうが効果的だということがわからないかもしれません。自分が「真実であってほしい」と思っていることや、「それこそが真実」だとあなたのコミュニティが主張していることを、侮辱的な事実で覆すのは非常に難しいことなのです。研究では、私たちの排他的な仲間集団への愛着が、オキシトシンという喜びと絆を生む強力なホルモンを放出するという考えも示されています。

自分の「真実」に一致するように行動していれば、相反する証拠に対して「さらに」抵抗が強くなります。「傾倒《コミットメント》の深刻化」（コミットメント・バイアス）は、自分の信念に対する異議を受け入れにくくします。「オープンマインドをもちましょう」と忠告しても、この問題は解決しないでしょう。それどころか、オープンマインドをもつことは危険だと思うようになります。宗教の信者のような公的な集団であれ、「結婚が一番」というような同じ観念的な姿勢を共有する人々であれ、コミュニティは常に自分たちの考える真実を強化します。信奉者たちは、どのような異議も異端とみなし、検討すべき新しい根拠とはみなさないのです。

このように、人は信念に従って、かえって自分を苦しめることがあります。ホリスティックヘルス（総体的な健康）を教える友人が栄養不良で入院するのを見たことがあります。彼は自分の身体をデトックスしたいと強く望み、少しずつ飢餓状態になったという証拠を否定しました。また、家庭教育をしていて、専門家の手を借りなくても自分の子どもはいずれ読めるようになるという信念にこだわった人もいました。また、夫が虐待的で女性関係にだらしないことを理解した後も、自分にとっていいことのない結婚にとどまる選択をした宗教信仰のある女性たちも知っています。**自分のコミュニティや信念に対する利害関係が大きければ大きいほど、異議を唱える事実に対して「オープンマインド」をもつことは難しくなります。**視点を変えるには、相応の変化が必要であり、コミュニティに対して自分をさらけ出すことで、かえって拒絶されることもよくあります。子どもたちは、このゼロサムのジレンマを家庭において経験します。反対意見を言うときに親の不可侵の信念に近づきすぎると、不安による心の痛みを感じるのです。

クリティカル・シンキングの文献では、思考の邪魔をする思い込みに対する解毒剤として、もう一つ考え方が紹介されています。それは、「心を開くこと」に加えて、「科学者のように考えること」です。この考え方は、「正しくある」ことよりも、「正しく理解する」ことに、より関心をもつというものです。「正しく理解する」ことに関心をもてば、根拠が導くままに進めるはずだ、という考え方です。崇高な理想です。とはいえ、それはうまくいくでしょうか？　確かに、工学や外科手術のように数学や科学に依存する活動には、特正確さと精密さが求められます。しかし、クリティカル・シンキングのこの文脈では、特に議論の余地のある考え方の領域を検証していています。本書ですでにわかっているように、研究成果やその解釈は年ごとに、時代ごとに変動します。「正しく理解する」ということは、「常に正しい一つの答えがある」というジレンマを意味します（多項選択式のテストのジレンマがいい例です）。しかし、よくよく考えてみると、ほとんどの挑発的な問題は複雑で、正解を求めるだけでなく、正しく認識すべき微妙な差異をもっています。特に、矛盾する複数の資料に直面した場合、「正しく理解する」ことは、子どもたちの助けにはならないかもしれません。

たとえば、動物園が動物の保護に役立っているかどうかを調べるとき、矛盾する研究を見つけるのは簡単です。どの研究が正しいのでしょうか？　特に「正しく理解する」ように言われた場合、生徒はどうやってその矛盾を解決するのでしょうか？　新しいことを学ぶよりも、気に入らない研究を排除し、元の立場に戻るほうが簡単なのです。

洞察力を磨く

自己認識のスキルのうち、まずもっとも支配的なものについてお話ししましょう。洞察力です。

脳が意味を構築する仕組みに関して執筆した、脳科学者のリネート・ケインとジョフリー・ケインによると、「教育では記憶力よりも洞察力がはるかに重要である。感覚的な意味は、言語化されていない一般的な関係性の感覚として始まり、洞察に伴う『アハ』体験で最高潮に達する」。

洞察は、喜び、畏怖、歓喜、安堵、エネルギーを呼び起こすとされています。もし私たちが、「正しく理解する」よう生徒に促すのではなく、「洞察力を生み出す」ことに注意を向けたらどうでしょうか。

洞察力とは、物事の本質を見抜くことであり、対象（人、問題、テーマ、読書、経験、出会い）を心の目でとらえて深く理解することです。洞察力をもつということは、臨床結果に同意したり、研究の視点を検証したりすることとは異なります。洞察とは、関係性から得られる意味を感じとる感覚です。また、洞察は、新たな理解がぴったりと収まる瞬間と考えることもできます。ケイン夫妻が「ゲシュタルト」と呼ぶ現象です。私は、このような「今、わかった」という瞬間を**「洞察の啓示」**と呼びます。「なんだこれは！」から、「ああ、なるほど」と思えるようになるのです。

洞察とは、必ずしも同情や感情移入のことではありませんが、そういう場合もあります。たとえば、卑劣な行為を行うある人の動機の恐ろしさについて、洞察できるかもしれません。洞察は、元々心の中に存在するわけではありません。ピンとくる澄み渡った瞬間があるのです。洞察は、寒気、ゾクゾク感、畏怖、安堵、恐怖、あるいは深い好奇心として現れる可能性があります。洞察は、確固としたものではなく、揺れ動きます。そのため、私たちはアイデンティティを保ちながら、優れた情報や体験を深く理解することができます。洞察は一時的なものであり、すぐに更新できるという利点があります。

反対意見をもつ人の話を聞く場合、賛成や反対ではなく、発見に注意を払うこととします。目標はこうなります。「『この人』はどうして『この見解』をもっているのだろう。私はその『洞察の啓示』を得るためにここにいる」

あなたの仕事は、議論の穴を見つけることではありません。相手の立場を気に入ったり、合理性を見出したりする必要はありません。彼らの視点を「自分に」理解させる必要もありません。あなたの仕事は、新しい視点でそれを「見る」ことだけなのです。目標は「理解する」ことであり、「正しく理解する」ことではありません。被害者の痛み、または加害者の動機に対する反発の増大に気づく瞬間があるかもしれません。その視点に至った個人の背景や、その話題の歴史的背景をよりよく理解できるかもしれません。たとえそれが、あなたにとっては不快で不道徳だと感じられるものであっても。

「理解する」とは、学んだ内容が自分の中に「定着する」ことを意味します。すると、学習の課題は、情報の習得や非の打ちどころのない議論から、影響へと移行します。もっと噛み砕いて言うなら、「今学んでいることは、私の世界をどのように揺さぶっているのか？」ということです。これは鋭い疑問です。この疑問に対する答えが見つからないなら、あなたはまだ洞察力を身につけていないのかもしれません。対立する調査研究にも同じ性質があります。「私は、この研究が主張したいことを理解するために、この研究を読んでいる」。即座に結論を出すのではなく、その研究がこのテーマの議論において重要な考察を提示していることを確認するのです。

私がこのような経験をしたのは、初めて動物園の価値を検証したときです。シンシナティには、アメリカでも有数の動物園があります（私が子どものころに好きだったサンディエゴの動物園に次ぐ素晴らしさです）。私の子どもたちは典型的な動物園好きでした。しかし、大きくなるにつれて、好奇心も出てきました。動物園の動物たちは大事に扱われているだろうか？　動物にとってこれはよい暮らしなのだろうか？　調べてみると、その結果は相反するものでした。人間は動物園があることによって絶滅危惧種に関心をもつことができ、保護につながるという研究や、動物園が捕食動物から隔離して飼育することで、希少動物を繁殖させることができるという研究もありました。「動物園の動物は、それまでの野生での生活よりも飼育される環境でずっと幸せに、のびのびとした生活を送っている」という研究結果には、深い感銘を受けたことを覚えています。動物園では、脅威や食料のための狩りを排除しています。動物たちには定期的な食事と生存のための安全が与えられます。多くの場合、動物たちは野生で暮らすより長生きするのです。

しかし、一方では、こうした研究結果を否定する研究もあります。種によっては飼育下では子孫を残す可能性が低いという報告があります。また、動物園の動物が人間に（たとえ行儀の悪い人間でも）危害を加えると殺される、という調査もあります。シンシナティ動物園で飼育されていた、私たちの大好きな類人猿の一頭は、柵を通り抜けて展示スペースに入り込んでしまった幼児がいたために、銃で撃たれました。幼児を守るため、その類人猿には何の落ち度もなかったにもかかわらず、殺処分されたのです。さらに、動物園の生活環境は不自然で、地域の天候が動物の自然の生息地と大きく異なることもよくあり、これらが動物の幸福に影響を及ぼしていることも研究により明らかになっています。また、動物たちが受けるストレスが、人を楽しませる目的でつくられた檻や囲いの設計に左右されることも指摘されています。

私は最初、どちらが正しくて、どちらが間違っているかを知りたいと思いました。しかし、自分のペースを落とし、ギアを入れ替えました。私は、「概観効果《オーバービュー》」を用いて研究にアプローチしました。そして、より広い文脈の中で、動物園のことを考えてみました。すると、動物園の議論では、どちらの立場も「生物多様性の保全」と「絶滅危惧種の保護」という、同じことを望んでいると気づいたのです。どちらの研究の調査も、同意したり拒否したりするものではないと思いました。

研究者を適格な専門家として吟味した上で、研究者の主張から影響を受けることを受け入れました。研究者の主張が目指す目的を感じとることを選んだのです。

このプロセスには、時間も必要でした。1年以上かけて考え、論文を読み、その分野で活躍する人たちの意見を聞きました。深い理解への意欲があれば、こうした柔軟な思考ができます。一見すると対立しているように思える2つの立場を一緒にしたとき、私はひらめきました。すべての人の頭にある問いとは、「どうしたら人々は、地球上の動物の命を守りたいという気持ちをもってくれるのか」ということだと気がついたのです。この議論に対する**興味が「高まり」ましたが、確信からは「遠ざかり」ました。**

常に洞察力を失わずにいたので、私は研究結果を比較し合ったり、一方を受け入れて他方を切り捨てたりすることはしませんでした。確かに、ある研究がほかの研究結果を覆すことはありますし、それを認めることは重要です。しかし、常にそうではなく、それを前提にすることもありません。むしろ、複数の意見を読むことで、事実と主張のピンポン勝負に入ることができます。すると、**議論を超えて、より大きな問題（それが何であれ）を問うことができるのです。**この場合、どうすれば人間は動物観察を楽しみながら保護する気になれるのかということです。

洞察力は、流動的で活気に満ちています。一つの考え方を別の考え方に関連づけ、より深い考察を促します。洞察力があるとき、どのような感じがするかを説明することで、子どもは洞察力を認識できるようになります。それはよく、「小さな衝撃」「突然のハッとするような感覚」、あるいは「完全な安心感」として、身体で経験するものです。また、とても嬉しくなるような、まったく新しい考え方に気づくこともあります。私は11歳のとき、バラと棘、つまり愛らしさと痛みが隣り合わせであるということの象徴を発見したときのことを覚えています。私は自分の突然感じた発見の深さに感動し、何世紀も前から詩人がそのような相関関係をつくっていたことなど気にしませんでした。自分のこととして感じた、それが洞察の体験です。多面的な考え方には複雑さがありますが、より多くの意味合いを含む場合、良さがさらに認められ、理解されます。

洞察力は、大人が子どもに与えるものではありません。私たち一人ひとりの中にあるも

のです。私たちにできることは、それが吹き出すための条件を整えることだけなのです。

その条件とは次のようなものです。

- 仮の結論を導き出す「自由」
- 深く感じることができる「空間」
- 「その発見は私の論文を台無しにする！」という危機的瞬間の「サポート」
- 議論を熟考する「時間」

洞察力は、私たちが今探求しようとしている自己認識ツールの成果です。

この25年間、生徒たちと接してきた中で、彼らが学ぶときに防御的にならないようにする方法、つまり新しいデータ、考え方、視点に対して最初に感じる抵抗感の乗り越え方は、実際に教えられると私は思っています。生徒たちが学ぶことを止めてしまうような（私の論文のように）、反射的な反応をすることなく、より深く学べるような実践方法があるのです。

洞察力を高める3つのワーク

ここからは、小さな子ども向けの準備活動や、中高生に最適な興味をひくプロセスをご紹介しますが、大人もやってみることをお勧めします。感情や身体の反応のかすかな変化を経験することができ、意味づけの方法がわかります。そうすれば、子どもをよりうまく導くことができるでしょう。

また、こうした練習は、生徒の持論が十分に形成されていない「低リスク」な話題から始めるのが賢明です。まだ自分の考えが固まっていないので、考え方がどのように影響されるかに注意を向けることができるでしょう。

私は、自己認識的クリティカル・シンキングにおける重要な実践方法を次の3つに特定しました。

- 第一印象をさらけ出す
- 違いを認識する
- 忠誠心を確認する

第一印象をさらけ出す

私たちの身体と心は、素早く動きます。感情が刺激され、抑えようとしても瞬時に反応してしまうのです。研究対象に対する私たちの第一印象は、すぐに情報を評価するための制御レンズになります。身体が、押し寄せる不安や高まる喜びを感じていると、洞察力はなかなか湧いてきません。真っ先に頭に浮かんだことには、その人がそのテーマから連想する語彙、なじみのある言いまわしやスローガン、個人がもっている偏見あるいは「先入観」、個人的な直感などが含まれます。

私は「直感」をこう定義します。「自分の理想とする視点に沿って生きることができれば、世界はより良い場所になるだろう」という、人がもっている内なる確信です。たとえば、「女性の給料が男性と同じなら、職場はより公平な環境になるかもしれない、という直感がある」といった感じです。直感は、私たちが真実であると期待したり想像したりすることの裏づけをとる調査よりも前に、しばしば意見として表現されます。

第一印象について、子どもに聞いてみましょう。

■5〜9歳
食べ物やおもちゃ、花や松ぼっくり、太陽や海など自然界にあるもののような、大好きまたは大嫌いなものについて、考えて答えてもいいでしょう。

■10〜12歳
ボードゲーム、天文学、漫画、数学的事実、ファンタジー小説、ロボット工学など、自分が楽しいと感じる、あるいは退屈に感じる具体的なテーマを考えてもいいでしょう。

■13歳〜18歳
無人運転自動車、電子タバコ、スポーツハンティング、徴兵制、外出禁止令など、論争を呼ぶような問題に重点的に取り組むことができます。

学びの前には、次のようなことに気をつけてみてください。自分のテーマについて考えるとき、身体には何が起こっているでしょうか。
何らかの感覚を自覚している？　それはどんなもので、どこで起こっている？リラックスしてくつろいでいる？　幸福感があって意欲的？　それとも緊張している？　身構えている？　あごやお腹にこわばりを感じる？　そのほかの感覚を自覚している？　あるいは、体感がない？

次の質問です。それを取り入れたらあらゆる人の生活がより良くなるのは何か？

■5～9歳向けの例
「太陽」：太陽のおかげで、外で遊ぶことができる。

■10～12歳向けの例
「ボードゲーム」：ゲームは家族の絆を深める。

■13～18歳向けの例
「門限」：10代の子は、門限を破るほど焦って帰宅するのではなく、安心感をもって帰宅するものと信頼されるべきだ。

では、そのテーマについて本や記事などを読んで探ってみましょう。

小さな子どもには、もっている印象の反対を考えさせるようにしましょう。たとえば、太陽の光のことなら、太陽が心地よくない、または有益でない場合について考えさせます。太陽の光をたくさん浴びるといいことがある人、そうではない人がいることを見つけます。目標は、太陽との関係を「複雑化」することです。小さな子どもには、これで十分な調査となるでしょう。

年長の子どもには、自分の現時点の印象だけでなく、外部の研究を使ってテーマを検証するタイミングです。複数の視点から検討できるように、少なくとも3つの記事を選んで読みます。インターネットブラウザの検索欄にテーマと「論争」という単語を入力すると、関連記事が表示されます。

学びのあとで子どもが読んだ各記事について、以下の質問をします。

- 身体に反応を引き起こしたのは、記事の中の何か？　記事で学んだことを、恐れ、不安、怒り、喜び、正当性の主張といった特定の感情と結びつけることができる？
- このテーマをより深く勉強する前の、最初の語彙リストは、今読んだり学んだりした内容に対して正確なものだった？　このテーマを理解するために、どのような新しい言葉が追加された？　どのような言葉が新しい意味をもつようになった？

■ これまでの「先入観」や直感を、今はどのようにとらえる？　修正したい点はある？

これらの質問をアンケートのように扱う必要はありません。コーヒーショップでラテを飲みながら会話するのと同じくらい、効果的な質問です。生徒や子どもが第一印象について熟考する機会を得たら、次の質問をしてみましょう。

■ どのような洞察（ひらめきの瞬間、新しい考え、挑発的な質問）が生まれた？

■ 洞察が生まれたことによって、勉強する前とテーマへの理解はどのように変わった？

第一印象を明らかにするというのは、育むべき習慣です。自分の身体が何を語っているのか、新しい情報によってそれがどのように変化するのかを確認することは、議論の影響を追跡する一つの方法です。

大学の論文を書いていて、相反する根拠を発見したとき、私は血の気が引きました。心臓がバクバクしました。パニックを止めるため、私はその論文を葬り去って、見なかったことにしました。その後、私は、教授がその資料を無視したことを知り、悪い成績をつけるのではないかと心配になりました。これらの感覚はすべて、私がそのテーマについてもっと学び、しっかりとした意見を育てる上で妨げになりました。私は第一印象を手放すのが怖かったのです。

フレーミングを認識する

第一印象を形成するもう一つの要因は、情報を伝達する手段を通じてもたらされます。美術品は、壁に掛ける前に額装されることがほとんどです。額縁《フレーム》は、その作品の優雅さ、重要性、表現の美しさ、そして同じ部屋にあるほかの絵画との調和を見る人に示唆します。最良のフレームは、作品そのものを際立たせ、価値を高めます。逆に、最悪のフレームは、画家が語ろうとする物語を台無しにしてしまいます。

同じように、**子どもが研究するすべての資料には枠組みがあります。**それは、講師の視点かもしれないし、教科書や学術雑誌かもしれません。歴史小説かもしれないし、毎晩のニュースかもしれません。また、配信手段（本の表紙のイラストのスタイル、ドキュメンタリー映像のカラーかモノクロかの違い、音声か活字かの違い）かもしれません。

フレームがもつ魅惑的な力を超える方法の一つは、フレームに名前を付け、フレームが第一印象をどのように左右するかを明らかにすることです。このあとの質問は、10歳から18歳の子どもたちにとって非常に効果的です。

こんな質問に挑戦してみましょう。

- その情報源は人間？　もしそうなら、その人物の何が、あなたの反応を引き出している？　服装？　髪形？　声？　その人は権威のある立場の人、それとも親しい友人？　その人は実体験を述べている、それともほかの誰かの経験を報告している？　その人は権威として話す資格がある？　どのような資格？　その人物の何が原因で、暗黙のうちに信頼したり、最初の段階で不信感を抱いたりしている？
- 情報源が資料の場合、外観はどうなっている？　がっしりとした作りの本？　本のページは金で縁取られている、それとも粗くカットされている？　ペーパーバック？　装丁は？　外観には、資格を有する専門家が目立つように表示されている？　出版社は（または自費出版）？

■情報源がデジタルやメディアの場合、それは権利擁護団体のためのウェブサイト？　マルチメディアを使ったプレゼンテーション？　直接の目撃者へのインタビュー？　手書きの手紙？　TEDトーク？　ラジオ番組？　録音？　遺跡発掘現場から出土した歴史の断片？

■フレーミングは、内容についてどのように考えることを前提にしている？　信憑性があると思う？　その理由は？　その信憑性を失ったり得たりする要因は何？　別の情報源（異なる視点のウェブサイト、同じテーマの本、音声版と活字版、ほかのテレビ局）と比較できる？　その比較は、その情報源に対するあなたの感情的な反応にどのような影響を与える？　どの情報源が信頼でき、どの情報源は信頼できない？　その理由は？

■このフレームは何を意味し、何を引き出そうとしている？　客観性？　感情的なつながり？　行動？　内省？　怒り？　敬意？　畏怖？　共感？　信頼性？　抗議？　ニュース？　ほかの何か？

■フレームは、現状（今の物事のあり方）を支持している？　それとも異議を唱えているたとえば、嘆願書であれば、変化を起こすことが目的です。（代わりにどうあるべき）？　暴露本であれば、既成の物語を覆すことを意図しています。報告書であれば、既成の調査結果を肯定することが目的かもしれません。この情報源の目的は？　その解釈によって、あなたの期待はどのように形成される？

■ そのフレームは、権威ある人物を引用している？　適格な人？　直接の経験をもつ人？　神様？　有名人？　政治的指導者？　宗教指導者？　博士？

根本的な違いを理解する

洞察力を生み出すための次のツールは、もう少し深く掘り下げます。多くの教育者は、「共感」と呼ばれるスキルを使って、他人が世界をどのように認識しているかについての共通認識を見出すことを生徒に求めます。しかし、ただ子どもに「心を開いて」と言っても行き詰まることが多いように、「共感」を求めることもまた然りです。

ピッツバーグ大学公共政策・国際問題大学院のアイリス・マリオン・ヤング教授は、

「他者と互恵的な感情を育むべきである、つまり、他者の視点を支持することでお互いを理解しようとしたり、他者の経験を自分自身の経験と重ねて想像したりするべきである」という考え方に異議を唱えています。

想像力はとても有効なツールですが、ヤングは、人生における私たちの立場は互いに鏡のようなものではない（彼女が言うところの、「可逆的」ではない）ことを指摘しています。私たちはそれぞれ、異なる人生経験、歴史、感情の癖、目標を自分の考え方に持ち込んでいます。私たちが他人の靴で歩くことができると考えるとき、ヤングは、「私たちは当の本人にとっての真実ではなく、自分の視点を補完するような視点を相手に投影してしまう」ことがよくあると述べています。

相手にとってどうなのかを想像するのではなく、「相手の」置かれている状況下で「自分」がどうなのかを想像してしまうのです。彼女は、このような投影がいかに悲惨な結果を招くか、説得力のある例を挙げています。

１９９０年代、オレゴン州では、健常者が特定の医療行為を受けると払い戻しを受けることができ、障害者が同じ医療行為を受けると払い戻しは拒否されるということがありました。この計画の不公平さを指摘されたときの当局の言い訳は衝撃的なものでした。「オレゴン州の州民に電話調査を行い、客観的な根拠があると判断した」というのです。調査に参加した健常者は、自分が車椅子の人や、目や耳の不自由な人の立場だったらと、考えてみるように言われました。「回答者の大多数は、車椅子にくくりつけられたり、目が見えなくなったりするくらいなら、死んだほうがましだと答えました」。したがって、障害者は、健常者と同じ補助金を受けるべきではないという政治的判断がなされたのです。しかし、ヤングは、障害者の自殺率は低く、自分の人生に大きな価値を見出していることを示す研究があると指摘しています。この法令は、「障害を持つアメリカ人法（the Americans with Disabilities Act）」に違反しているとして、覆されました。それでも、ヤングの指摘は響きます。「車椅子の人の立場に立って考えてみてくださいと言われても、彼らは他人の視点を想像するのではなく、自分自身の恐怖や幻想を他人に投影してしまうのです」

このような傾向を軽減するために、ヤングは「非対称な互恵性」というアプローチを採用するよう助言しています。目的は、私たちの間にある根本的な差異への共通の敬意から生まれる道徳的・学問的判断を下すことであり、私たちが同一の感情であると認識しているものを作り出すことではありません。実際、ヤングは、**互いへの関与は道徳的な結束に基づくべきであり、他人の境遇を推測する能力に基づくべきではない**、と主張しています。

子どもと作業するとき、この能力は特に重要です。小さな子どもや10代の子どもは、自分がほかの人々に与えている影響がどのようなものか、なかなか想像できない場合があります。10代の子がネットいじめに加担したり、小さな子どもが友達を殴ったりすることがありますが。加害者に、自分がしたことが自分の身に降りかかったらどう感じるか、想像させることは効果的でない場合があります。10代の子は、「私なら気にしない！　笑い飛ばすと思うけど」と言うかもしれません。小さな子どもは、「あの子はぶたれてもしかたないよ。だって僕のおもちゃをとったんだから」と言うかもしれません。

ここでは、非対称な相互関係の姿勢が重要です。**目標は、子どもが、「相手にとって本当はどうなのか」に耳を傾けられるようにすること、完全に理解はしていなくても相手がまったく異なる視点をもつ権利があると認識することです。**この文脈でクリティカル・シンカーになるというのは、他人に伝わるからとか理解できるからとかではなく、他人の経験が本質的に価値あるものであると理解する力を養うことを指しています。他人の視点は完全であり、痛みを引き起こした人や同じような体験のない人におとしめられる対象ではありません。この場合の敬意の非対称性は、苦しんでいる人のほうに傾いており、元気な人や引き起こされた痛みに気づいていない人のほうには向いていないのです。

ヤングは、この敬意の非対称性を促進しようとする私たちに、2つの実践方法を提案しています。「関心《ワンダー》」と「拡大された思考」です。

まず、**相手の思いを推しはかろうとする「関心」をもって相手に接する**ことです。他人の視点に対して示す好奇心は、相手の立場だったら自分がどう感じるかではなく、相手にとってどうなのかを考えることに根ざしたものです。ここでまた、洞察力が役に立ちます。生徒は、学習しながら、自分が同じような状況に置かれていることを想像できるかどうか判断するのではなく、対象としている思考者のニーズ、興味、認識、価値観に注意を払うことができます。

目標は「理解する」ことであり、「感じる」ことではありません。「これは、コミュニケーションを通じて、相手の視点について多くのことを理解していても、相手の経験や視点について理解していない部分が常にあると認める、道徳的な謙虚さがあることを意味しています」とヤングは説明しています。

たとえば、障害者は自分の身体の限界や車椅子への依存に対する不満を表現することがあります。健常者としてその限界を聞いたり、想像したりすることと、車椅子に依存するという実体験は同じではありません。一方は生きた現実を、他方はそれを想像しようとする試みに重きを置いています。ヤングによれば、**より深く理解するためには、他人の視点**

を聞こうとするときに、経験の非対称性があると前もって認めておくことだそうです。ある経験や視点に戸惑ったり、気後れしたりしたときには、自分の立場もほかの人にとっては不思議なものであることを認識し、もう一度「敬意のこもった関心の姿勢」をとることを思い出すのです。

関心を示す方法の一つは、あれこれ推測するのではなく、質問することです。読書するときでも、疑問をもち、書き手がどのような視点をもっているのかを探すことは可能です。人と会う（出会う）機会があれば、好奇心に満ちた質問はさらに効果的です。ヤングはこう説明しています。「質問は、相手の表現に関心を示し、質問者が相手にとってその問題がどのようなものかを知らないことを認めるという、相手に対する独特の敬意を表すことができます」

とはいえ、ある種の問題練習や小テストのように相手に向かって質問を浴びせる必要はありません。私たち一人ひとりが、自分の判断で答えるか、答えないかの自由をもっているはずです。「敬意をもって話を聞くということには、このように、注意深く、興味をもって質問することが含まれます。しかし、受け取る答えは常に贈り物なのです」

「ワンダー」という姿勢は、人間関係を秩序立てます。それによって、洞察の成果を成長させる好奇心と関心の基礎を得られるのです。そして、参加者はあらゆる力の差（たとえば、親と子、10代の子と年下のきょうだい、現状維持の視点と発散的な視点など）を認識することができます。出会いはそれぞれが新鮮であり、新たな洞察を待っているといえます。「ワンダー」は観念的なものではありません。「ワンダー」の力がいくつもの経験を明らかにし、本質を取り出すことができるのです。

違いを尊重する2つ目の方法は、ヤングの言う**「拡大された思考」**を使います。**修辞的想像力の特徴は、即座に判断を下す必要なく、複数の視点を心に留めておくことができる能力です。**そのためには、次の2つのことが重要です。

1 自分の立場の重要度を下げ、多くの中の一つの立場とみなす
2 二元的思考から離れ、より多くの視点を検討対象とする

拡大された思考は、「道徳的判断」が特徴的です。ヤングによると、「道徳的な視点は、問題や提案された行動が自分にどう影響するかという観点だけでなく、他者が何を必要とし、何を望んでいるか、あるいはどのように影響を受けるかという観点からも考える必要

性をもつ」ということです。このような目的意識をもったアプローチを学習に加えることで、生徒は単に多くの情報を集めたり、自分の信念を検証したりするだけでなく、影響を中心に考えるようになります。

道徳的判断は、世界の中に自分の居場所を確保する立場の支持を確立するのではなく、より多くの人を巻き込み、さらなる経験と状況を考慮に入れる視点を育て、発展させることを可能にします。「拡大された思考」によって形成された確かな意見は、これらの違いを意味あるものとしてつなぎ合わせます（単に「2つの悪のうち小さいほう」や「自分にとって一番都合のよいもの」を選ぶのではありません）。

より多くの声を受け入れるように教えれば、子どもはより多くの視点を考慮するようになり、私たちが共有する現実をよりよく理解し、個人だけでなくコミュニティにとってよい判断を下すことができるようになります。逆もまた然りです。それはコミュニティだけでなく、個人にとってよい判断です。根本的な違いを理解することで、誰もが利己心を超え、好奇心と興味をもち続けることができるのです。

Lesson

12 映画批評

政治や社会の問題について話すと、すぐに血圧が上がってしまいます。同じ話題について複数の視点がもつ力を低リスクで体験してもらうために、私は映画の批評《レビュー》を検証するという方法を用いています。レビュアーは、同じ内容（映画）を扱いながら、異なる解釈で分析します。肯定的なレビューと否定的なレビューの両方を読むことで、生徒は自分のアイデンティティをあまり気にすることなく、説得力のある言葉の力を直接体験することができるのです。

好きな映画を選んでもらい、再視聴してもらいます。今すぐ観ましょう。子どもが楽しみ、とても気に入っている映画のあらゆる面を具体的にリストアップします。以下は、検討すべきカテゴリーです。

- 特定の俳優による演技
- 会話

■ セット、衣装、メイク
■ アクションシーン
■ ストーリーアーク（訳注：物語のプロットを時系列で構成したもの）
■ 特殊効果

次に、オンラインで映画のレビューサイトにアクセスします。まず、子どもの肯定的な意見に同意するレビューを読みます。そのレビューがどのように子どもの視点と一致しているか、また、その映画を肯定的にとらえる理由をどのように展開しているかに注目します。

今度は、いくつかの否定的なレビューを選んで読んでみます。これらのレビュアーが、同じ内容を異なる基準でどのように解釈しているかに注目しましょう。生徒がそれらの基準を特定できるかどうか確認してください。たとえば、社会学的な問題（女性の扱われ方など）が原因で、大好きなストーリーが台無しになっているかもしれません。あるいは、ある批評家が歴史的な不正確さを挙げているかもしれません。

子どもが読むとき、感情的な反応があれば、それを記録させましょう。

■レビューは自己防衛的になっているか？

■レビュアーには生徒の立場を変えさせるような主張があるか？　どのようなコメントや分析がそうさせたのか？　理由は？

子どもに、「ワンダー」の心構えを促しましょう。

■自分の認識をもつれさせずに好奇心をもつことができるでしょうか。まだできなくても大丈夫。これは育てるのが難しいスキルです。「ワンダー」への移行が難しい場合は、単なる反応への注目に戻ってください。

■ネガティブなレビューを考慮することで、子どもの映画への評価はどのように変化するか？　あるいは、変化しないのか？

■子どもは両方を受け入れる余裕をもてるか？　できない理由はあるか？　子どもは「拡大された思考」を使って、自分の映画への愛情に、その映画への批判のどれをも含むように拡大することができるか？

正しい結論はありません。映画に対して妥協した見方をするようになる必要はありませんし、否定的なレビューに同意することもありません。このツールは、生徒が真実であってほしくないと思う視点に直面したときに、個々の反応を観察するための方法です。また、同じ作品でもまったく異なる2つの「受け取り方」があることに気づく機会にもなります。

10〜18歳：忠誠心を確認する

クリティカル・シンキングの最大の障壁は、目には見えないことがよくあります。私たちはコミュニティへの忠誠心とそこから得られる価値ある帰属意識に影響を受けています。コミュニティは類似した「理論的枠組《パラダイム》み」を共有しており、それは「互いに比較される運命にある思考パターン」と定義することができます。私たちの社会的パラダイムは、世俗と宗教、資本主義と社会主義、田舎と都会、ホームスクーリングと公教育など、二項対立で表現されることがよくあります。私たちは、自分がそのパラダイムにどのように合致しているかに基づいて、仲間に入れるか入れないかを判断しています。誰も友人関係や家族、志を同じくする同盟者を危険にさらしたくはありません。コミュニティで確立された信念や価値観に異を唱えるような視点をもつことは、そのメンバーの資格を失う危険を冒すことになります。私たちの所属欲求は、幅広く深いものであり、古くから備わっています。人間の生態は、仲間を失うとすべてを失ったと感じるように、懸命に稼働しているのです。

生徒たちが、自分の忠誠心と相反するテーマについて研究を進めるには、まず次のような問いを立てることが有効です。

- 何が問題なのか？
- 考えを変えるには、何をあきらめなければならないか？
- もし、私が考えを変えたら、誰ががっかりするだろうか？
- このテーマに公平であろうとしているのに、裏切ることを恐れているのはどのような価値観か？
- 自分が所属する集団の中で、権威のある人物は誰か？　彼らはこのテーマをどのように見ているか？
- 自分が考え方を変えたら、所属するコミュニティは私をどう見るだろう？　メンバーとしての資格が危うくなるか？
- このように考えている人たちは誰なのか？　自分にとって友人と見るか、敵と見るか、それとも中立の立場と見るか？

■ 自分の人生におけるどのような習慣が、現在の私の考え方につながっているのか？

■ ほかの視点を取り入れたら、どんな習慣を変えなければならないか？

■ これらの考え方は、自分が教わってきたコミュニティの論理とどのように対立しているか？

また、異質だと思うコミュニティについて問うこともできます。

■ どのように、自分たちの視点が道徳的である、または正当であると特徴づけるのか？

■ 彼らの視点は、どのような論理の物語に基づいているか？

■ 彼らの視点には、どんな直感が働いているか？（直感とは、「もし人々がある人の特定の視点を採用したら、世界はより良い場所になるだろうという確信」と定義していることを思い出してください）

■ そのコミュニティは、自分のコミュニティをどう見ているか？　友好的？　対立的？　それとも中立？　それを知っていることは、そのコミュニティの見方にどのように影響するか？

■ このコミュニティを特徴づけているのはどのような慣習か？　これらの慣習は、社会的な価値や個人的な意味をもっているか？　それがどういうものかを特定できるか？

■ このコミュニティにおける権威の源となっているのは誰か？　自分のコミュニティは、その権威の源をどのように見ているか？　自分のコミュニティは、そのような見方をどのように形成したのか？

私たちは、国勢調査に現れるようなコミュニティだけでなく、多種多様なコミュニティに属しています。第6章で説明したように、こうしたコミュニティは、私たちの個人的な認識の解釈を助け、世界の中の自分の位置を理解するための論理的な物語を与えてくれます。バンドのファンであれ、宗教団体の一員であれ、熟練した趣味人であれ、不登校児であれ、私たちと一緒に人生を歩もうとする人たちを与えてくれるのです。自分自身のアイデンティティに名前をつけるときはいつでも、同時に自分と一体になっているグループに名前をつけています。もしあなたが他者を理解したいのであれば、その源に行くことです。自分の属するコミュニティの「相手側」の解釈ではなく、自分のコミュニティのリーダーやメンバーの話を聞くのです。

それらをすべて合わせて、あなたは何を手に入れたのか？

クリティカル・シンキングにおける自己認識は継続的な旅であり、一度きりの話ではありません。個人的な認識やコミュニティの論理を観察するために、一時的にテーマから目を離す慣習から始めます。それでは、これらのツールをグループの中で適用する方法を見ていきましょう。

高校1年生のグループを思い浮かべてください。教師は、生徒たちにアメリカにおける銃規制というテーマについて議論する準備を提案します。生徒たちには読むべき記事が配られます。生徒たちが考えるべき質問は、次のとおりです。

■アメリカ合衆国憲法修正第2条における規制の概念（「規律ある民兵」）とは何を意味するのか？　人間を規制するのか、銃を規制するのか、あるいはその両方を規制するのか？

■政府にはどの程度の規制をする権限があるのか？　その規制は、連邦政府によるものか、州によるものか？

■身元確認：もし確認するなら、どのようなものを使うのが最適か？

■銃購入の待機期間：あるとすれば、どれくらいの期間か？

■購入する権利：誰が銃を所持できるのか？　大人？　子どもは？　重罪犯は？

■ 銃の種類：購入可能な種類は？　どんなものでも制限がまったくないか？
■ 使用にあたっての規制：隠さずに携帯するのか、他人に見えないように携帯するのか？　「正当防衛法《スタンド・ユア・グラウンド》」は、攻撃を受けると感じたときに銃を撃つ、武装した市民を守るか、それとも守らないか？

生徒たちは、銃規制の問題にどう協調するかによって、2つのグループに分かれるように指示されます。

ただし、あなたはすでに、「彼らはどう協調するのだろう？」という最初の自己認識の問いを抱いているはずです。この多様な考え方は、必ずしも単純な銃規制賛成派、反対派の立場を表しているわけではありません。私たちはすでに、「正しく理解する」方法など存在しないことを知っています。よりよく理解し、解釈する必要のある詳細な「それに関すること」が諸々あるのです。

ディベートではなく、教師は生徒を、混ざり合った背景や視点をもつ2つのグループに分かれるように指示します。目標は、説得しようとすることではなく、共有するための「洞察を生み出す」ことです。こうした問いに対して、生徒たちは共にいくつの見方を発見することができるでしょうか。可能な提案はいくつあるでしょうか。このような条件では、すぐにリスクは減り、クリティカル・シンキングの余地が増えます。

ここで、このようなグループに、まったく異なる背景をもつ生徒がいることを想像してみてください。ある生徒は、学校の銃乱射事件できょうだいを亡くした家庭の出身であり、別の生徒は、代々ハンターの家系であり、さらに別の生徒には、銃を持っている人の介入によって命を救われた家族がいます。

このテーマや考え方を論じ合うために、特にこうした子どもたちは、銃に対する強い思いを、感じ方の違いで罵倒されたり、説得されたりすることなく、発言することができると知る必要があるでしょう。彼らの視点は、ただ克服したり、脇に置いたりする強い意見ではなく、議論にとって価値あるものとみなされる必要があります。彼らの「個人的な認識」は、(当人のトラウマにならないのであれば)十分に聞く価値があります。また、彼らは、銃に関する自分たちの「コミュニティの論理」を、そのコミュニティの自然な語彙を使って語ることができるかもしれません。私たちは、自分の背景を切り離して、客観的になるよう生徒に求めます。しかし、このような性質のコミュニティプロジェクトでは、説得力のある見解が表面化することがあり、それを許容すべきです。このような極論は、ほかの学生の傾倒を掘り起こすのに役立つことも多いのです。

議論の中でもっともリスクを負うことになる人たちは、バックグラウンドを共有しないほかの生徒たちとの非対称性を意識して、「ワンダー」をもってアプローチする必要があります。そして、コミュニティの会話には、それぞれの経験やコミュニティを考慮に入れた実現可能な解決策を含めることが重要になるでしょう。

2つのグループは一緒に、これらの提案された検討事項を見たときに生まれる、あらゆる実現可能な解決策と疑問点を挙げることができます。個人的なストーリーも盛り込むべきです。両グループの意見を聞き、それぞれの思考回路がどのように分岐したかを知る瞬間は、わくわくします。すべてのアイデアと思考を考慮し、検討したのち、問うべきは「今、あなたはどちら側にいる?」ではありません。

その代わり、グループには次のような質問をします。

- どのような新しい見識が得られたか?
- 以前とは異なる理解をしていることは何か?
- どのような新しい疑問が生まれたのか?
- 今、この議論を導くのに役立つ原則は何か?

議論よりも洞察力の生成を追求すれば、説得力のある議論をするために違いを埋めるのではなく、話し合いは細部の複雑さに集中し続けることになります。『THINK AGAIN 発想を変える、思い込みを手放す』の著者であるアダム・グラントは、自身のInstagramアカウントでこう表現しています。「生産的な議論の特徴は、説得力ではなく、洞察力である」。この考え方は、個人の経験を尊重しつつ、さまざまなコミュニティへの影響も考慮した道徳的判断を見極めることです。私たちは第一に人間であり、第二に学習者であることを記憶に留めておくと役立ちます。

次の章では、文章との付き合い方について見ていきます。現代や古代の文章を解釈する技術とはどのようなものでしょうか。私たちが評価することを求められているあらゆるコミュニケーションから意味を見出すために、どのように洞察を生み出せばよいのでしょうか。

第12章

解釈という芸術

あなたは本書の頂上にたどり着きました。すべてのクリティカル・シンキングは、「解釈」という一つの目標めがけて進みます。

私たちは、すべてを解釈して生きています。他者との出会い、目にするシンボル、視覚媒体、読んだ本や記事、専門家の意見、目撃者の証言、会話、ニュース報道、家族とのやりとり、自分の経験を解釈します。「テクスト」、つまり私たちが「読み」、理解しようとする他者とのコミュニケーションを、解釈しているということです。これは避けては通れない行為です。人間は意味づけをせずにはいられないのです。

解釈のほとんどは、直感的に、何も考えずに行われています。私たちは、身振り、イントネーション、声量、文脈、関係性、アイデンティティ、文法、予想を、あらゆる対話において読み取ります。友人から「ジャンプ・イン・ザ・レイク（あっちへ行け）」と言われた場合、その友人が失礼ではあるものの比喩的な意味で言ったとわかるので、あなたは飛び込まずにすみます。天然の水域で長距離を泳ぐ指導をしているトライアスロンのコーチから「ジャンプ・イン・ザ・レイク（湖に飛び込め）」と言われたら、ジャージを脱いで飛び込むでしょう。コーチの言葉は文字通りの意味であることを、あなたはわかっているのです。

解釈は芸術です！　正確な計測を行う科学的な行為ではありません。むしろ、どんな解釈も遊び心から恩恵を受けます。送り手と受け手の間にダンスが生まれます。メッセージは、書き手の目の前にある文脈に、書き手の意図をのせて送られます。そして、解釈という新たな文脈で受け取られます。この二つの視点がぶつかり合うとき、作品の新たな解釈が生まれます。解釈は一度きりではありません。常に更新されていくものです。だからこそ、解釈は科学ではなく、芸術だと言えるのです。

文脈がすべて

クリティカル・シンキングでは「文脈」がすべてです。**「文脈」とは、解釈するための多面的な視点です。**

ドイツの哲学者ハンス＝ゲオルク・ガダマーは、代表作『真理と方法』の中で、解釈という行為において文脈がいかに重要であるかを説いています。ガダマーによれば、原文にはそれぞれ、**著者の地平**（**執筆時の世界観**）と**読者の地平**（**読者の同時代的世界観**）という2つの主要な文脈が示されています。この2つの地平の融合が、私たちの読み方、意味の取り方に影響を与えます。

あるいは、ガダマーがすっきりと要約しているように、「文章を理解するということは、主に過去にさかのぼって推論することではなく、語られていることに現時点で関与することを意味している……歴史的に考えるということは、常に他者の考えと自分自身の考えとの間に介在することでもある」。言い換えれば、**文章を読むときに必ず求められるのは、元の文脈から現在の文脈をひも解き、新しい適切な解釈をつくることなのです。**

文脈が重要なのは、私たちが後々まで影響を受けるのは「何が真実で、何が真実でないか」ではないからです。読んだものについて私たちが何を「言う」かに影響を受けます。原作者の意図がどうであれ、私たちが生み出す意味は、現実に対する認識をつくります。この2つの地平の間にある対話は、どちらの方向へも進むことができます。ときには、元の文脈が、誤った一般的な見解に対して有益な情報を与え、修正してくれることもあります。

たとえば、古代では、農耕文化は生存のために雨と太陽を必要としたため、どちらも神の恵みとみなされていました。しかし、降雨量に依存しない今日の世界では、雨を厄介なものとして、または悲しみの象徴（ラブコメディーにはつきもの）としてとらえることのほうが多くなっています。一方、古代の文章を読む場合、雨は被害や天罰の象徴ではなく、神の寛大さと善意の象徴であることを理解すると、その意味が変わってきます。

また、現代的な読み方が、元の概念を進化させるために必要なときもあります。これは、アメリカで憲法の解釈について議論するたびに私たちが直面する葛藤です。今日、選挙権が土地持ちの白人男性にのみ与えられると思っているアメリカ人はいないでしょう。建国の文書に修正が必要だったことは明らかです（現在では27の修正条項があり、原文の記載に変更が加えられています）。実際、合衆国憲法修正第9条（訳注：「本憲法中に特定の権利を列挙した事実をもって、人民の保有するほかの諸権利を否定または軽視するものと解釈してはならない」）は、市民が権利章典に列挙されていないほかの権利も有すると、明確に述べています。実に本質を突いた修正です。

しかし、誰が、どの権利を、誰のために、いつ決定するのでしょうか。それこそが解釈するということなのです。最高裁判所は、憲法とその修正条項の古い解釈も見直しています。修正第13条は奴隷制を廃止し、憲法第4条第2節第3項（逃亡奴隷条項）を覆しました。裁判所は、奴隷所有者には所有権がなく、したがって、かつて奴隷であったアメリカ人を自由な北部から取り戻すことはできないとし、それまで認められていた権利を削除したのです。

現代的な解釈によって当時の思想の力が覆されても、元の意図や意味を正確に理解することができます。だからこそ、私たちは「解釈」という言葉を使うとき、何層もの理解を重ね、「今、このとき」のためにそれらを融合させるのです。

ほかに文脈が解釈の仕方に影響を与えるのは、「書き手の視点に立ち返る」場合です。社会評論家のジャクソン・カッツは、アメリカでは女性の身に起こる悪いことを表現するのに、まるで動作主がいないかのように受動態を使うことを指摘しています。女性に対する暴力をどのように話すかによって、その暴力の攻撃性が実際よりも軽く解釈されてしまうことになるというのです。次の文章では、文法構造（受動態）がメッセージの受け取り方に影響を及ぼす例を示しています。

私たちは、昨年何人の女性がレイプされたかについて話すのであって、何人の男性が女性をレイプしたかについて話しません。ある学区で昨年何人の女子が嫌がらせを受けたかについて話すのであって、何人の男子が女子に嫌がらせをしたかについて話しません。バーモント州で昨年何人の10代の女の子が妊娠したかについて話すのであって、何人の男性や男の子が10代の女の子を妊娠させたかについて話してはいません。このように、受動態がいかに政治的な効果をもつかがわかるでしょう。男性や男の子から、女性や女の子に焦点を移しているのです。

ここでは受動態によって、加害者よりも被害者が強調されています。どのような文章を解釈する場合でも、このようなレンズに注意する必要があります。

古典文学の「人種差別」をどう解釈するか

特に子どもと一緒に古典文学を読むときに、この力学がどのように作用するかを見てみましょう。

本は、文脈だけで人気が出たり落ちたりするものです。ある時代には人気のあった本が、時代が変わると人種差別的とみなされることもあります。

ローラ・インガルス・ワイルダーの「小さな家」シリーズは、その申し分のない例でしょう。ワイルダーの最初の作品『大きな森の小さな家』は、１９３２年に出版されました。このシリーズは、何百万部も売れ、優れた児童文学の著者に贈られるニューベリー名誉賞を何度も受賞し、ワイルダーの名を冠した児童文学賞まで創設され、数々の賞に輝く大作となりました。

私はこのシリーズのハードカバーの本を所有し、何度も繰り返し読み、子どもたちにも読み聞かせ、サウスダコタ州のデスメットにあるローラの家にも家族で訪れました。何十年もの間、質の高い児童文学の手本とされていました。私はワイルダーの穏やかで簡潔な文体と辛口のウィットが大好きです。

ところが、です。読者は、なぜか何十年もの間、ワイルダーが当時の人種差別を実体験として語っていることを無視してきました。『大草原の小さな家』の「死んだインディアンだけが良いインディアンだ」のような引用や、『大草原の小さな町』の顔を黒く塗って黒人のふりをした父と友人たちが登場するミンストレル・ショー（１８３０年代にアメリカで生まれたエンターテイメント。顔を黒く塗った白人が、踊りや音楽、寸劇などを交えて演じた。１８４０年代に全盛期を迎えるが、20世紀に入るころには消滅する。黒人をからかう差別的な内容が多かった）への息詰まる展開は、19世紀末の辺境の生活を反映していると受け入れられ、20世紀の読者からはほとんど批判がなかったのです。

ワイルダーが先住民や黒人を差別的に扱っていることは、子どものころは目につきませんでした。しかし、21世紀になって、我が子に本を読み聞かせ、そのような人種差別的な表現に出会ったときの衝撃を覚えています。私はこの本を、白人である我が子に人種差別の害悪を教えるための機会としてとらえることにしました。確かに初めの一歩です。

今日、私たちの文化は、さらなる意識革命の時を迎えています。あらゆる背景をもつ読者たちは難題に直面しています。教室や家庭で、先住民や黒人の子どもたちが人種差別を描いたワイルダーの物語を読んだとき、その文学がどのような影響を与えるかを考えなくてはなりません。さらに、白人の親や教師は、このようなステレオタイプがまだ幼い子どもたちに与える影響や、このような物語が彼らの初期の想像力をいかに強引に形成してしまうかを考える必要があります。私たちの文化がその歴史について自己検証を行うにつれ、私たちが読むものの解釈は変わり、基準は移り変わります。つまり、どんな文章も解釈は一度きりではないのです。

2018年、米国図書館協会は「ローラ・インガルス・ワイルダー賞」から「児童文学遺産賞」へ、名称を変更しました。ワイルダーの名前を削除したのは、彼女の著作が、もはや現代の読者が児童文学に期待する価値観を象徴するものではなくなったという評価からです。
注目すべきなのは、2018年が『大きな森の小さな家』の初版発行から86年後であるということです。「ワイルダーの本は、1800年代のアメリカの入植者としての、彼女の人生経験と視点の産物です」と、同協会会長のジム・ニールと児童部門長のニナ・リンジーは声明で述べています。「ワイルダーの作品は、先住民や有色人種に対する時代遅れの文化的態度を反映していて、多様なコミュニティを受け入れ、祝福し、理解する現代とは相容れないものです」

本を解釈するとき、私たちは作者の地平（本が書かれたときの設定）と解釈者の地平（本が読まれている時間や場所）の両方に縛られています。この「小さな家」シリーズの解釈者が、ワイルダーの一連の小説に示された価値観を分類的に変え、その結果、彼女の作品に対する我々の解釈が変わるまでには、ほぼ1世紀を要しました。

私たちは、彼女の著作が開拓時代の白人入植者独自の視点を表していることを理解し、批評的な観点から本を読むことができます。特に大人になってからは、ワイルダーの生涯の政治的・社会的文脈を批判的に認識する能力が向上しているからです。しかし、彼女の本を批判的に読むというこの選択が、この時代における新鮮な解釈の果実となります。1

世紀近くにわたって、このシリーズは、無自覚な人種差別に加担していたことをほとんど意識されずに、子どもたちに穏やかに読まれてきたのです。

解釈の技術

私たちは皆、解釈者です。本書で見てきたツールを使えば、生徒たちは努力次第で解釈の課題を上手にこなせるようになります。このセクションでは、クリティカル・シンキングのスキルを文章の解釈に応用してみましょう。コツをつかめば、こうしたスキルをＴＥＤトーク、大学の講義、ドキュメンタリー、映画、演劇、詩、友人との会話などに簡単に適用できるようになります。

文章（特に元の文脈から切り離されたもの）を解釈するためには、まず、言葉を解読することと著者の意図を理解することは、同じではないと認識する必要があります。**解釈者の現在の語彙、文化的価値観、期待、個人的認識、コミュニティの論理などが、まず文章の読み方に影響を与えます。**そのため、言葉の解読だけでは、間違いなく不適切な解釈をしてしまうのです。

私が教えた高校生のライティングの授業で、ジュディ・ブレイディの有名なフェミニストエッセイ「Why I Want a Wife（どうして私は妻が欲しいのか）」を解釈してもらったことがありました。この評論は純粋な風刺で、20世紀半ばの家庭内の妻の役割に焦点を当てたものです。ブレイディは妻を夫の使用人として描いており、文中では、妻自身にも妻がいたら利益を得られると皮肉を述べています。

２０００年代の初めに、ホームスクールで学んでいる子どもたちにこのエッセイを読んでもらったところ、昔ながらの専業主婦として家にいることを選択した母親がいる子が多かったため、彼らは身構えました。初めて読んだときには、まるで母親の仕事の価値を過小評価されているようで、恐ろしさを感じたのです。私の生徒たちは、１９７１年に描かれた妻たちに比べて、現代の専業主婦には多くの選択肢があるということを理解するための歴史的な観点をまだ身につけていなかったのです。

興味深いことに、この5年間で、このエッセイに対する生徒の反応が和らいでいることに気づきました。多くの主婦は、家事をしながら仕事もこなし、父親も進んで家事に参加する姿を子どもたちは見ています。その結果、２０２０年代のティーンエイジャーの反応として、この文章に対する抵抗感が少なくなっているのです。

どのような文章も、私たちがどう理解するかは一時的なものであり、文化的に制御されています。特に初めて読むときは、個人的な認識が強力で支配的な観点となります。生徒が文章の解釈に取り組むとき、初読の「あとに」さらなる洞察が形成されることを伝えてください。もう少し深く掘り下げるには、意図的な2回目の努力が必要です。

Lesson

13

解釈の棚卸し

文章の解釈の仕方を学ぶには、読みながら考察の疑問を投げかけるという優れた方法があります。子どもたちに伝えてください。「正直に、本当のことを書きましょう！　誰も見ていません」と。私のお気に入りの本の中には、余白に自分の無知を思いっきりぶちまけた、荒々しく感情的なメモが書き込まれているものがあります。あとでもっと調べてみると、そのときと比べ、自分の考え方がどれだけ進歩しているかがわかるタイムカプセルのようなものです。次のアクティビティでは、ハンス＝ゲオルク・ガダマーの研究が、私自身の考え方に影響を与えています。彼の解釈に関する3つの地平を、特に10代の若者向けにアレンジしました。

次のタスクリストは、解釈者（この場合は生徒や10代の子）「に向けて」書かれたものです。まず、小説、詩、スピーチ、歴史的な記録や文書、宗教的な原稿、哲学的な論文、教科書、文芸評論、映画の批評、日記、新聞記事など、テクストを1つ選びます。1000語以下の文章から始めましょう。

それから、子どもに次の作業を指示します。

手順

1 余白を広くとって、文章を印刷またはコピーする。

可能なら、製本された本から文章を取り出します。コピーして（必要なら縮小して）、余白を広く（5〜7センチ）とります。何らかの理由で本から文章を取り出すことが難しい場合は、文章を打ち込んで、行間を2行あけて印刷してください。

2 文章に関する質問を余白に書き入れる。

文章の一部にマーカーを引き、それから文章に対して疑問を書き込みます。自分の自然な書き方で、本当の反応を記録してください。「いったいこれはどういうこと？」「この書き手がこんなに無知だなんて信じられない」などと書いてもまったく問題ありません。このような第一印象は、自分の思い込みや、何に興味があるのかを知る手がかりになります。戸惑いを覚えるかもしれないし、挑発されたと感じるかもしれません。読み終わるころには、その内容をより深く理解できるかもしれません。逆に、最初は納得できても、読み終わるころには自分の見解に疑問をもつかもしれません。余白にすべて書き込んでください。

3 繰り返される言葉、フレーズ、根拠、文学の技法に下線を引く、またはマーカーを引く。

文章に疑問をもつだけでなく、文章を書く技術にも注目しましょう。書き手は特定の用語を繰り返していますか？　実証された根拠や信頼できる調査を盛り込んでいますか？　頭韻や脚韻、母音韻など、さまざまな文学の技法の効果に注目しましょう。隠喩や比喩を確認してください。書き手の個人的な経験や、主張を通すために使われた逸話にアスタリスクを付けます。

4 最初の観察結果をほかの文章やデータと関連づける。

余白のメモと疑問は、自分の反応を引き起こした部分に戻るための道筋です。これらは、論文の論旨や切り口を決定するための申し分のない出発点となります。「この考え方と『X』で述べられているスミス氏の理論を対比させる」とか「この統計の妥当性をチェックする」といった具合に、関連性をもたせるのです。

このようなメモは、重要な情報を再配置し、さらに考察を深めるのに役立ちます。

文章を読み、質問を書き留め、マーカーを引き、余白にメモをしたら、次は自分自身に質問をしてみましょう。詩や政治的な演説、宗教的な文章など、短い文章の場合は、再読が大切です。長い文章の場合、読み直す時間はないかもしれませんが、ざっと読んで答えの根拠となる箇所を探すことは可能です。

解釈者（自分）の地平

文章を読みながら、次のように自分に問いかけてみてください。

自分の傾向

- 文章から何を見つけたいか？
- どんな疑いをもっているか？　文章に「賛成して」読むか、それとも「反対して」読むか？　つまり、受容的な読者なのか、敵対的な読者なのか？

■何に怒りを覚えるか？
■何に驚くか？
■何に安心感をもつのか？

自分の反応

■自分の理解に沿うイメージは何か？（イメージを刺激する質問が必要な場合は、第4章の13〜18歳向けの詳細な観察活動を参照してください）
■言語に対する反応はどうか？　固定観念、反論（裏づけのない大げさな主張）、誹謗中傷はあるか？　書き手は反対意見に配慮し、抑制をきかせ、バランスをとり、細やかな言葉選びをしているか？
■この書き手を信用するか？　信用する、またはしない理由は？
■この文章を読んですぐに現れた反応は？（ここで余白のメモを思い出してください）
■避けたいことは何か？
■読みながら、ほかにどんな声を参考にしたか？　自分の家族？　宗教的なコミュニティ？
■自分の頭の中で一番大きく聞こえるのは誰の声か？　好きな作家？　友人？　リー

ダー的な人？

影響

- その文章は、自分の個人的な経験とどのように関係しているか？　身近に感じるか、それとも無関係な感じがするか？
- 自分は何者か？　文章は、世界（自分のアイデンティティ、経済状態、宗教観、人種、国籍、年代、性別、性的指向、学歴）の中の自分の居場所を肯定しているか？　あるいは、その居場所に異議を唱えているか、何も言わないか？　自分は多面的な存在であるから、考えるべきアイデンティティの断片がいくつもあることを忘れないように。
- 文章はどのように希望のもてる展望を示唆しているか？　あるいは、示唆していないか？
- どのように運命を暗示しているか？　あるいは、暗示はないか？
- どうして、その文章を読んでいるのか？（課題の場合は、その課題の明確な理由は何か？）「授業のため」以上の理由をつかむこと。たいていの場合の目的は、クリティカル・シンキングを働かせるための分析です。
- 文章を読んで、少し考えた今、総合的にどのような反応があるか？

こうして解釈を振り返ったら、数分間フリーライティングをするのが効果的です。雑然とした思考を、未編集の自由な段落にまとめるのです。そして、次の棚卸しに移ります。分析の次の段階に移る前に、休憩、あるいは1日休みを入れてもいいでしょう。

文章(書き手)の地平

文章はそれぞれ特定の文脈の中で成長するものです。出版された時期が新しいほど、その文章の文化的、政治的、言語的世界をしっかりと把握できる可能性が高くなります。しかし、多くの学術的な場では、社会的、歴史的、文化的に離れた場所にある文章を検証し、批評する必要性が高くなります。ときには、ほかの言語から翻訳された文章を扱うこともあるでしょう(自国語に訳された他言語の本や映画など)。歴史的、社会経済的、人種的、政治的な背景についてある程度知っておくことは、正確な解釈のために重要です。同様に、言語や文化も文章に影響を与えます。これらを踏まえた上で、テクストや文章そのものを検証する方法を見ていきましょう。

文章を読み返しながら、次のことを考えてみてください。

テクストそのもの

■どのような文章を扱っているのか？　文学、歴史、批評、科学、宗教教義の写本、調査研究書、詩、報道などの文章か判断する。ジャンル（文章の種類）によって、その文章に対してどのように向き合うかが決まります。伝説を扱っている場合は、史料を読んでいる場合とは扱いが変わります。そのジャンルの文章の特性を理解して、先に進みます。

■自分はテクストをどのように受け止めているか？　なぜそれが重要なのか？　それを重要視しているのは誰か？

■何語で書かれたものか？　自分は何語で読んでいるか？　なじみのない用語や画像、参考文献を説明する脚注はあるか？　それらを調べて読む。

ライティング

■文章の体裁は？　議論、物語、詩、記録、政治的な文章、宗教的メッセージか？

■文章は能動態か受動態か？　語り手を特定できるか？

■敵意をもつ読者を感じるか？　娯楽、説得、警告のために、あるいは安心させるために書かれているか？

■文章はどのように感情を刺激するか？　読者は書き手の意図を「感じる」のに役立つ、特別な比喩、イメージ、類似に気づくか？　その時代や文脈で、それらがどのように理解されていたかを特定できるか？　また、それらの比喩は、元の時代と同じように、現代でも有効か？

■作品の論理の要点を述べる。書き手は、主張のためにどのような裏づけを使っているか？　文学の場合、筋書きを説明し、クライマックスを特定する。書き手はどのようにそこに導くか？　それはうまくいっているか？　詩の場合、反語の重要性や洞察の瞬間とは何か？　詩人はどのようにそこに導くか？　ニュース報道の場合、重要な事実とは何か、そしてそれらはどのような順序で紹介されているか？

読み手

■本来の読み手は誰だったか？　彼らは「意図された」読み手だったか？　たとえば、演説は報道されることがわかっているので、その場にいない人を対象にしている可能性がある。その文章の目的を見抜くことができるか？　権威者（ローマ法王、女王）の依頼によるものか？　その文章を書くにあたり、書き手は危険な状態にあったか？　その文章を書いたことで、書き手は苦しんだか？

■この文章を本来の読み手はどのように受け取ったのか？（たとえば、シェイクスピアが存命中に手がけた劇は評判がよく、注目された。しかし宗教的な文章には、彼の死後何年も経つまで完全に無視されたものもあった）

■この文章は、権力を強固にするためのものなのか、それとも破壊するためのものなのか？　フィクションの場合、その文章は特定の社会政治的な文脈を扱っているか？　それはどのようなものか？

■理解が必要な文化的言及はあるか？　それは何か？　この文章の中に、神話、伝説、比喩、思想、モチーフなど、文章から取り出してより深いレベルで理解すべきものはあるか？

重要性

■この文章はどのような問いに答えようとしているのか？　この答えを得るために、前時代のどのような資料が有効か？

■歴史的背景とは何か？　科学的世界観（地球平面説？　ニュートン学説以前？　神々が天候をコントロールする？　経験主義が真理を導く？）とは何か？　政治情勢はどうなっているか？

誰が権力を握っているか？　文章は優勢な権力を支持または批判しているか？

- この文章はその時期の経済状況をどのように語っているか？
- 書き手の状況はどうか？　書き手の学歴、家系、経済状態、社会的地位は？　執筆当時と現在の評判は？　歴史的に知られているか？
- この文章は、解釈上の課題を抱えているか？　ほかに誰がこの文章を解釈する価値があると考えたのか？　また、これらの過去の解釈が現代の理解にどのような影響を与えているか？

地平の融合（読み手と書き手）

今こそテクストを解釈するときです！　解釈は特権です。解釈は、思い込みにとらわれずに資料に関心をもち、読んだものによって変化しようとする人に与えられるものです。解釈は芸術の一形態であり、したがって、人それぞれの解釈には独自の洞察の跡があります。つまり、「万能の」解釈は存在しないのです。しかし、多くの場合、多様な解釈者の見解が重なることがあります。学問の世界では、テクストについて誰がより説得力のある読み方をしているかという議論に多くの時間を費やしますが、複合的な読み方をすることで、視点に有効な違いが生じることも解釈者たちは認識しています。

解釈という芸術は、ろくろを回して土器を作ったり、布切れを継ぎ合わせてキルトを作ったり、風景画を描いたりするようなものです。たくさんの断片が融合され、一つの解釈が生まれます。自分が生み出した解釈には、あなたが当のテクストをどのように理解しているかが見事に表れています。客観的で公正でありながら、自分の独自性が表れるでしょう。テクストを読み解くとき、忍耐と好奇心と注意をもって取り組めば、深い満足感を得ることができます。あなたがすでに考えた2つの地平（あなたと書き手）に照らして、次の質問に答えてみてください。すべての質問に答えられるとは限りません。あなたのテクストに関係しないものは、自由に飛ばしてください。

目標

■ 何が問題なのか？　それが解釈全体にとって重要な問題です。たとえば『高慢と偏見』では、社会通念と個人の充足感の関係が評価され、批評されています。何が問題なのか？　イギリスの階級制度の構造、そして個人の選択の重要性です。自分自身に問いかけてみてください。このテクスト、物語、詩、文書の中で何が問題なのか？また、この時代の読者にとって何が問題なのか？　このテクストは、現代の読者に対してどのような課題を与えているか？

■ テクストはどのような問いに答えようとしているのか？　どのような問いに答えることができないのか？　その後の時代において、私たちはこれらの問いにどのような答えを見出したか？

■ テクストにどのような感動を覚えたか？　自分はどのようなことを考えているか？　それは反体制的なものか？　刺激的なものか？　問題解決型か、それとも反省促進型か？

■ 書き手が意図したメッセージと思われるものを要約する。

■ どのようなサイドストーリーが気になるか？

■ テクストが言及できていないのは何か？

■ 自分の世界観や現実に関する考え方は、テクストからどのような影響を受けているか？

制限

■ どのような偏見が問われているか？　どのような偏見が問われないままなのか？

■ このテクストは、その時代にどのような影響を与え、語りかけたと思うか？　私たちにはどのように語りかけるか？

- 自分はどのようなコミュニティに属していて、このテクストはどのように関連しているか？（ここでは、信仰団体、国籍、人種、経済状態、性別などを考慮する）テクストによって、自分や自分のコミュニティの未来は開かれているか、それとも妨害されているか？
- このテクストのメッセージによって、どのような可能性が閉ざされる（制限される）か？解釈の過程で、どのような忠誠心が浮かび上がってくるか？
- もし、書き手がトークショーに出演するとしたら、現代の視聴者に伝えたいことは何だと思うか？

自分の考察

- この解釈の過程で、自分に変化はあったか？
- 最初の直感や課題はどのように修正されたか、あるいは依然として変わらないか？
- 自分の解釈を何もかもコントロールしようとしたことがあるか？　理由は？
- これだけ解釈に取り組んでも言葉にしていないことは何か？　まだ疑問に思っていることはあるか？

解釈者の暫定的な結論

このガイド付き質問形式によって自分のさまざまな思考を集めたら、次は最初の解釈に挑戦してみましょう。まず、いくつかの原則を覚えておいてください。

原則

1 集めた思考を統合しようとする前に、数日間、考察と向き合うとより良い解釈が書けるでしょう。

2 考えが変わっても大丈夫。読み始めたとき、そのテクストに対する自分の反応の方向性がわかっていると思ったかもしれません。棚卸しや再読によって、その最初の直感が変わったのであれば、それを記録してください。何がそのような変化を引き起こしたかを明らかにします。一つのテクストがどのように理解を変容させるかを確認することは、解釈を形成するための有効な方法です。

論文を書いたり、意見を述べたりすることを課題としている子どもに、「解釈のタスクリスト」という活動で発見した内容を統合するために使用するプロセスを紹介します。

手順

1 書き手が言っていると思われることの解説を書く（自分の視点は入れずに）。頭から決めてかかるような言葉、時代に縛られた思い込み、自分自身の考えなどを極力排除する。書き手に同意していなくても、書き手が言っていると思うことに忠実であること。

2 つながる場所（経験、理想、一致するイメージ、逸話、類似性）を探しながら、テクストと自分の関係性について書く。

3 読んだ内容への異議や、自分がこうであってほしい、矛盾している、厄介だと思ったものについて話したい気持ちがあれば、コメントを追加する。

4 地平の融合から見えてきたものを見直す。出てきた説得力のある思考を特定する。そのテクストが現在読まれている特有の文脈を考慮しながら、その思考について原文に忠実に書く。

5 最後のステップは、自分の解釈と他者の解釈と照らし合わせること。自分が真剣に考えたことが見当違いであったり、重要な文脈を見落としていたりすることもある。それを考慮した上で、自分の解釈を完成させる。

「地平の融合」には楽しむ精神が不可欠です。ガダマーの洞察的な指摘の一つに、「それぞれの時代が前の世代の解釈の意味を否応なく変えてしまう」というものがあります。私たちは、元のメッセージが生きていた時代の意味をつくるだけでなく、別の時点でその意味を再考していることに気づきます。古代の聖典はすべて、まさにこの筋書きの典型的な例です。

突き詰めると、クリティカルに考えるということは、解釈するということです。子どもたちが自分自身に問うことで、誠実で、思いやりがあり、明確な思考ができるようになれば、より良い解釈ができるようになります。ある解釈をする際に、誰のどのような解釈も、時代が変われば新たな精査や理解の見直しの対象となるということを認識するのは、とても難しいことです。自分が一度限りの教義を手に入れようとしているのではなく、潮のように満ち引きする思想の流れに貢献しているのだということを若い人たちが早く認識すれば、自己の表現、他者との関係性、崇高な思考として、クリティカル・シンキングと解釈の技術を楽しむことができるようになるのに時間はかからないのです。

第13章

考え方を変える勇気

自分の視点が必ずしも、自分の人生に関わる人たちにとって筋の通るものとは限らないという現実は、受け入れるのが非常に難しいことです。

その視点を主張し、明確化し、共感し、共有し、理由づけし、説明し、逸話やデータを示しても、相手はまだ実質的に「あなたのようには理解していない」かもしれません。そのようなときは、かたくなな心を入れ替え、「それで、あなたにとってはどうですか？あなたにはこれがどう見えますか？」と尋ねる必要があるのだとわかりました。

それから、相手の視点を尊重し、その視点がその人にとってどのように首尾一貫しているのか、できる限りの意欲をもって、一生懸命に考えてみます。自分の反応に注目し、それを尊重します。その際自分にとって、どの意見、どの考え方、どのコミュニティが重要なのかを心に留めます。

そして、そのすべてを一時的に脇に置いておくのです。

- 自分がもっていない意見の内的論理を理解しようとする。
- 相手にも、知覚と、考え方に影響を与えるようなコミュニティの論理があるということを想像する。
- 考えるべき新しい発見はないか、見落としていることで自分の考えにプラスになりうるものはないか、自問する。

■相手が自分の考えを見直す場合、あるいは私の考えにただ耳を傾ける場合、相手にとって何が問題となるかを見極めようとする。

私は学生たちに、「このようなことは一回でできるものではない」と話しています。ときには、不愉快な考え方に、数週間、数カ月、数年にわたって向き合うこともあります。会話に参加し続けることが重要なのです。人々を個人として、またコミュニティの一員として理解することが必要です。自分が真実であってほしくないと思う視点について考えるとき、自分の人生にどんなリスクがあるのかを思い出すことで、「相手」が感じ、直面している同様の苦悩に共感することができます。

正直なところ、これは私にとってもっとも難しい取り組みであり、十分にはできていません。しかし、だからこそ、努力する価値のあることです。ほかの人たちにもそうしてほしい、そして、そのように子どもを育てたいと願っています。

さまざまな視点が共存するコミュニティに身を置くには、時間がかかります。自分の意見に賛同してくれる人たちが集うコミュニティに属するのはとても楽しいです。どうしても共通点を求めてしまうのが人間です。私たちは確かなものを共有しているという錯覚が好きなのです。反対意見を受け入れる余地をつくることは、履き心地のいい靴の中に小石が入ることをよしとするようなものです。

しかし、**クリティカルに考える人たちは、反対意見を通してこそ私たちは成長し、さらに研究が必要だと気づかされることを知っています。**私たちは共有された信念のもとに築かれたコミュニティと、より幅広い考えを歓迎するコミュニティ、その両方のための場所を生活の中につくることができるのです。

相互理解への楽な道はありません。私たちを団結させ、足並みを揃えさせる特効薬はないのです。クリティカル・シンキングには、その複雑さに対処するための膨大な感情的資源が必要です。子どもたちは、反対意見を述べるときだけでなく、休憩を取ったり、ユーモアのセンスを磨いたり、自分とは違う趣味をもつ人と付き合ったりすることが大切であると、知る必要があります。

大人は、すべての議論が合意に着地する必要はないことを、子どもに示すことができます。相互に納得のいく結論に至らなくても大丈夫。別の日に議論を続けてもいいのです。評価や分析という大変な作業から離れ、楽しいこと、リラックスできることに集中できる空間をつくりましょう。ケイン夫妻が言うように、「理解しようとする行為は、実は理解を妨げることもある」のです。

ソーシャルメディアにおける微妙な話題についての会話は、誰もが同じ視点を共有するという期待ではなく、議論の結果が個人にどのようなメリットを与えるのかに関してより多くの情報、洞察、開示を求めながら議論を構成すると、もっともうまくいくことがわかりました。そうすることで、相互の誤解が解け、その人が大切にしている視点に命を吹き込んでいるものをよりよく理解することができます。

私が文章の師と仰ぐピーター・エルボー博士は、このように言っています。

優れた考え方のほとんどは、私が「疑うゲーム」と呼んでいるものであると言っていいだろう。それは、人の考え方の欠陥を見抜く能力であり、その欠陥が多くの人にとって見えにくい場合には、特に価値がある。この能力にはたいてい、論理が必要だ。

エルボーは、「間違っている」ように見える考え方に直面したとき、「信じるゲーム」と呼ぶものを始めることを提案しています。「信じるゲーム」は、内側から視点を理解することを教えてくれる。命題的な言語の代わりに、ある考えを経験するのに役立つ言葉、つまり想像力豊かな言葉、比喩的な言葉、物語的な言葉、個人的な言葉、さらには詩的な言葉を求める。また、言葉だけではない。イメージや音、体の動きは、異質なアイデアに入り込むのに特に有効だ。ロールプレイと、そう、沈黙も。ほかの皆が間違っていると思うことを、誰かが口にしたとき、もっとも効果的な反応は、単に聞くことであることが多い。まったく応答しないことだ」

感情的な側面が自分自身のために意味づけする方法をコントロールしているというのに、私たちは他人を説得するために結局は論理や議論に頼ってしまうのです。不思議なことです。しかし、返事を保留し、ほかの人が彼ら自身のために生成している意味を経験しようとするとき、より効果的に会話を進められることがわかっています。

このクリティカル・シンキングについての議論でわかったように、私たちのストーリーは自身の考え方に深く影響しています。そのようなストーリーを交換すればするほど、私たちは対立する考えを「悪意に満ちた」という表現でまとめるのではなく、その複雑さを理解できるようになるのです。話題が複雑になれば、有意義な解決策はすべての人を考慮に入れなければならないこともわかります。

その話題が厄介で多面的であること、そして、さらに研究し、考える価値があると認めることが最善である場合もあります。最高裁判事ハリー・ブラックマンが、1973年の「ロー対ウェイド裁判」の判決後の意見で雄弁に語っているように、論争の的になるテーマをどう理解するかは、「各々の哲学、経験、人間の実存の端との接触、宗教的訓練、生命や家族、それらの価値に対する態度、確立し守ろうとする道徳基準……」にかかっています。私たちがみんな一緒にじっくり考えることに苦労するのは当然のことなのです。

クリティカル・シンカーを育てるにあたり最大の課題は、大人と子どもの関係の中に異論を受け入れる余地をつくることです。私たちは、子どもが大人の合理的な世界観から離れようと考えることを認められない場合があります。しかし、新しい根拠に勇敢に立ち向かい、気軽に質問し、現状に異議を唱え、情報の行き先に軸足を置くことが歓迎されると知っている子どもを育てるのであれば、子どもは必ずあなたの信じていることを試すようになるでしょう。そのときにどう対処するかが、のちに大人へと成長した子どもとの絆の有無に大きく関わってきます。

実際、**子どもたちが知るべきことは、本質を見極める目をもち、繊細さに富み、柔軟な思考をする彼らを拒絶しないコミュニティがあるということ、それは「自分の家族」であるということです。**そして、もし家庭で支えになってくれるコミュニティを見つけられないのであれば、確実に学校で見つけることができるはずです。

私たちは、子どもが自分自身の考え方を陽光の中で揺り動かし、大人に説明したときに意味があるかどうかを確認できるような、よい質問をすることができます。疑心暗鬼になるのではなく、愛情をもって彼らを励ますことができます。私たちは、より良いデータとより多くの洞察が、正直な意見交換の後に得られると信じることができます。これこそが、絆と親密さをもたらす条件なのです。

ソーシャルメディア、アフィニティ・グループ（類似性、関連性のある人による少人数の集団）、信仰団体、友人などの集団で受け入れられている論理から子どもが逸脱したときに、支援と理解を得られる保証はありません。しかし、もしさまよい歩く自分の考えをいつでも受け入れてくれる場所があり、そこにあなたがいると子どもが確信をもてるのであれば、あなたはその子に知的にも感情的にも最高に堅固な贈り物、つまり愛され、認められながら考え方を変える自由と権利という贈り物をしたということになります。私たちは皆、このような贈り物を与えてくれる関係を心から望んでいるのです。

子どもが自分自身のもつ困難から立ち直る力を信じられるようにするには、考え方が変わっても生き延びることができるということを示せばいいのです。私たちもそうしてきたのですから。大人のあなたが自分の信念を進化させていく姿を見てきた子どもは、しっかり成長することは可能だと知るでしょう。

そして、**クリティカル・シンカーを育てるとは、子どもや生徒が「勇気をもって」変化を切り抜けられるよう、準備をすることだとも言えます。**恐怖心は優れた思考を妨げます。明敏であることとは、議論の誤りを発見しようとする姿勢を意味します。優れたクリティカル・シンカーは、新しい情報を求め、それを十分に検討する勇気をもっています。

自分で選んだ、変化した考え方で考えてみてください。

- 代価を見極められるか？
- 報酬を見極められるか？
- その変化に合わせるために必要だったのは何か？
- 代価をどのように克服したか？
- 代価に見合うだけの報酬が得られると思ったことについてはどう考えるか？

実際には誰もがクリティカル・シンカーであるという根拠は、**皆、以前もっていた視点**

について考え方を変えた経験があるということです。多くの場合、その変更には何らかの代価が必要です。集団の中での立ち位置、死後の世界に関する安心感、支持政党、子育ての方針、結婚、好きな食べ物、お金の使い方、治療法の選択、正しいという感覚、習慣の変化などです。

あきらめることは必ずしも苦痛ではありません。将来への悲観を捨て、楽観的な考え方をするクリティカル・シンカーもいます。恐れていたことは克服され、もはや不安に取り憑かれるに値しません。私たちの誰もが、どのように思考を変えても、結果はついてきます。今見えているものを、見ていないことにできないなら、私たちが変わるだけなのです。

信念や意見を覆したとしても、ソーシャルメディア上のフォロワーからの攻撃や異議は乗り越えられることを子どもたちは知る必要があります。フォロワーから拒絶されたとしても、有意義な人生を築くための土台を失うことはないと教えてあげることができます。若者が境界線を設定し、コミュニティの支えを見つける方法を学ぶ手伝いができます。彼らが見せかけではなく誠実な人生を歩んでいること、そして尊敬と優しさを受けるに値することを示すことができます。自分の価値は、他人の同意に左右されるものではないことを、子どもに気づかせてあげてください。

自分たちを見捨てず、たとえその理由が限定的であったり不完全であったりしても、自分たちの側にいてくれる親や教師を頼りにできるのだと、子どもは信じる必要があります。率直に言えば、あなたは子どもを追い出すようなコミュニティであってはいけません。子どもの知的誠実さの追求は、あなたが誇りに思うに値するものです。そうでなければ、子どもは自分の立場を主張する宣伝者となることを学び、さらに悪いことには、あなたの支配下から抜け出すまで、破壊的な信念をひそかにもち続けることになるでしょう。

クリティカル・シンキングの生まれる背景は、謙虚さであることが理想です。子どもには、「それ、おもしろいね。どうしてそう思うの？」と言う大人と、「いったいなんだってそんな変なことを思いついたんだ？」という雰囲気を漂わせる大人の違いがわかります。子どもがさまざまな考えを取捨選択できると考えるには、信頼する必要があります。私たちは、子どもに対して最悪の思い込みと結果を投影してしまうことがあまりにも多いのです。ある信念を「もって生活して」みなければ、それが自分にとって正しいかどうかわからないこともあります。

あなたが15歳のとき、22歳のとき、そしておそらく35歳のときでさえ……その時点で思考は止まりましたか？　生涯にかかわるすべてのものについて、あなたは決定的で永遠の理解にたどり着いたのでしょうか？　あなたは今日、お金、セックス、宗教、政治に関してあなたの両親がもっていたすべての視点に同意していますか？

あなたがそうであったように、あなたの子どもも自分自身の意見をもつようになるでしょう。クリティカル・シンキングのゴールは、確実性ではありません。内在する価値をより深く知ることです。子どもたちがその威力のある頭脳を良い方向に使うための最良の方法は、思考と心の柔軟性を教えることです。この柔軟性により、子どもは、考え、もう一度考え、考え直し、さらに考えることができます。私たちには、探究心をもった人々がもっと必要です。正しくあることよりも、洞察力を養うことを優先させる勇気ある人々のコミュニティが必要です。私たちは、子どもとの対話から始めることができるのです。

謝辞

「物事をじっくり考える」ことへの私の関心は、賢く、多弁で、自分の意見をしっかりもった家族の影響を受けながら、これまで培われてきたものです。弁護士歴60年の、愛する父ジョン・E・スウィーニーのおかげで、私は早くから自分の主張の裏づけをとることを学びました。そして、息子で同じく弁護士のジェイコブが、調査の検証と最初の編集作業のために、はるばるバンコクから加わってくれたことに深く感謝します。楽しい時間でした！

そしておばである故ジューン・オコナー博士には特別な感謝の気持ちを捧げます。彼女は修道女になったのちに、カリフォルニア大学リバーサイド校で倫理学と宗教学の分野で博士号を取得しました。おばは、しっかりと倫理的立場を保ちつつ、議論や異なる視点を取り入れる方法を示してくれました。私は毎日、特にこの本を書いている間、おばに会いたいと思っていました。おばの思い出は、心の中にも思考の中にも刻まれています。

ブレイブ・ライターの仲間たちは、私の研究に有益なさまざまなリソースと深い議論を提供してくれた非常に貴重な存在です。ドーン・スミス、カーステン・メリーマン、ジーン・フォールコナー、ジェン・ホルマン、シンディ・クラーク、ステファニー・エルムズ。この「シンクタンク」は、私をよりよい思想家、作家にしてくれます。一人ひとりに感謝します。

友人であり同僚でもあるザビエル大学のアダム・クラーク博士には、「出会い」についての章にお力添えいただきました。また、初期のころからのブログ仲間である、ペンシルベニア州立大学のアンドリュー・タトゥスコ博士は非対称の相互関係への洞察を、ゴルディ・ムハマド博士はアイデンティティについての深い考察に惜しみない助言を、友人であり同僚でもある、言語病理学者のリタ・セヴァスコは識字能力に関する専門知識を、私の文章の師であり友人でもあるピーター・エルボー博士は「信じるゲーム」についての貴重な洞察を、地元の賢明な友人であり、エニアグラムの専門家で経営コンサルタントでもあるレスリー・ハーシュバーガーは、世界観形成における個人の気質の力を理解する手助けを、そして学校教師でカンファレンス講演者でもあるアッシュ・ブランディンはビデオゲームの価値についての専門家としての見解をいただき、心より感謝いたします。

バーバラ・オークリー博士には格別の感謝を申し上げます。長期にわたるやりとりのおかげで、この本ははるかに優れたものになりました。私の作品を丁寧に読み、文章を信頼し、アイデアに対して熱意を示してくださったことに感謝いたします。

エージェントのリタ・ローゼンクランツとの初期の話し合いにより、本書の方向性が明確になり、本の構造に磨きをかけるための洞察を得て、この取り組みに確信をもつことができました。ターチャーペリジー社の編集者、ジョアンナ・ンは夢のような存在です。彼女は的確で鋭い編集を施し、私がもっとも必要としているときに励ましてくれ、思慮深い挑戦によって、最高の仕事ができるようにしてくれました。リタとジョアンナ、私とパートナーを組んでくれてありがとう。お二人の才能の恩恵を受けられるなんて、私は最高に幸運な作家だと思います。これからもよろしくお願いします！

また、本書に含まれる多くのリソースは、ブレイブ・ライターのオンラインクラスや、カリキュラムをご利用いただいているご家庭で、初めて試されたものです。皆さん、ありがとうございました！ 私の会社、ブレイブ・ライターは2000年1月に設立され、教育とライティングの分野でグローバルなコミュニティを提供しています。

研究、思考、執筆のすべての過程が終わったあとのことです。いよいよ原稿がレイアウトに流し込まれるというときに、私が本書で述べた考え方の中に、思想的リーダーたちによって正当性を問われ、修正されているものがあるとわかったことも楽しい経験でした。ジョアンナと私は、可能な限り、ぎりぎりまで調整を行いましたが、これは思考の研究に乗り出すと、自分たちの考え方に関する見解さえも、限りなく見直す必要があることを示していました。言葉が与える影響や、言葉によって私たちの想像力がどのように形成されるのかを注意深く考えている人々の世界に、私は深く感謝しています。

この仕事に終わりはなく、私たちが答えにたどり着くことはありません。しかし、視界が開けるたびに、私たちは何か新しいもの、つまり見逃していたかもしれないものに気づくことができます。それこそがクリティカル・シンキングの最終的な仕事ではないでしょうか。それは、建設中の高速道路を走行する技術です。私は、必要に応じてギアを入れ替え、方向を変え、互いに生きることにもっと光と楽観をもたらそうとしている同志であるすべての思想家に感謝しています。

そして、この喜びを分かち合えるなら、あなたにも感謝申し上げます。

参考文献はこちらから

本文中で言及された

研究および参考文献リストのPDFを

下記のQRコードからダウンロードできます。

より詳しく知りたい方は、ぜひご確認ください。

URL

https://d21.co.jp/download/criticalthinker.pdf

クリティカル・シンキングができる子に育つ
3つの視点と13のレッスン

発行日　2023年6月23日　第1刷

Author　ジュリー・ボガート
Translator　布施亜希子
翻訳協力：山口真果
株式会社トランネット（www.trannet.co.jp）
Illustrator　さかたともみ
Book Designer　山之口正和＋齋藤友貴（OKIKATA）

Publication　株式会社ディスカヴァー・トゥエンティワン
〒102-0093　東京都千代田区平河町2-16-1 平河町森タワー11F
TEL　03-3237-8321（代表）03-3237-8345（営業）
FAX　03-3237-8323
https://d21.co.jp/

Publisher　谷口奈緒美
Editor　大竹朝子

Marketing Solution Company
小田孝文　蛯原昇　飯田智樹　早水真吾　古矢薫　山中麻吏　佐藤昌幸　青木翔平
磯部隆　井筒浩　小田木もも　工藤奈津子　佐藤淳基　庄司知世　副島杏南
津野主揮　野村美空　野村美紀　廣内悠理　松ノ下直輝　八木眸　山田諭志
鈴木雄大　高原未来子　藤井かおり　藤井多穂子　井澤徳子　石田麻梨子
伊藤香伊藤由美　恵藤奏恵　小山怜那　蠣﨑浩矢　葛目美枝子　神日登美
近藤恵理　坂田昌子　塩川栞那　繁田かおり　鈴木洋子　畑野衣見　町田加奈子
宮崎陽子　青木聡子　新井英里　岩田絵美　大原花桜里　末永敦大　時田明子
時任炎　中谷夕香　長谷川かの子　服部剛　米盛さゆり

Digital Publishing Company
大山聡子　川島理　藤田浩芳　大竹朝子　中島俊平　小関勝則　千葉正幸
原典宏　青木涼馬　阿知波淳平　伊東佑真　榎本明日香　王廳　大﨑双葉
大田原恵美　近江花渚　坂田哲彦　佐藤サラ圭　志摩麻衣　杉田彰子　仙田彩歌
滝口景太郎　舘瑞恵　田山礼真　中西花　西川なつか　野﨑竜海　野中保奈美
橋本莉奈　林秀樹　星野悠果　牧野類　三谷祐一　宮田有利子　三輪真也
村尾純司　元木優子　安永姫菜　足立由実　小石亜季　古川菜津子　中澤泰宏
浅野目七重　石橋佐知子　蛯原華恵　金野美穂　千葉潤子　西村亜希子

TECH Company
大星多聞　森谷真一　馮東平　宇賀神実　小野航平　斎藤悠人　林秀規　福田章平

Headquarters
塩川和真　井上竜之介　奥田千晶　久保裕子　田中亜紀　福永友紀　池田望
齋藤朋子　俵敬子　宮下祥子　丸山香織

Proofreader　文字工房燦光
DTP　株式会社RUHIA
Printing　中央精版印刷株式会社

ISBN 978-4-7993-2955-9